UTB



**Eine Arbeitsgemeinschaft der Verlage**

Böhlau Verlag · Wien · Köln · Weimar
Verlag Barbara Budrich · Opladen · Toronto
facultas.wuv · Wien
Wilhelm Fink · München
A. Francke Verlag · Tübingen und Basel
Haupt Verlag · Bern
Verlag Julius Klinkhardt · Bad Heilbrunn
Mohr Siebeck · Tübingen
Nomos Verlagsgesellschaft · Baden-Baden
Ernst Reinhardt Verlag · München · Basel
Ferdinand Schöningh · Paderborn · München · Wien · Zürich
Eugen Ulmer Verlag · Stuttgart
UVK Verlagsgesellschaft · Konstanz, mit UVK / Lucius · München
Vandenhoeck & Ruprecht · Göttingen · Bristol
vdf Hochschulverlag AG an der ETH Zürich

Kompetent lehren
Herausgegeben von Sabine Brendel

Band III
Ulrike Scheuermann
Schreibdenken
Schreiben als Denk- und Lernwerkzeug nutzen und vermitteln

Ulrike Scheuermann

# Schreibdenken

## Schreiben als Denk- und Lernwerkzeug nutzen und vermitteln

3., durchgesehene Auflage

Verlag Barbara Budrich
Opladen & Toronto 2016

**Die Autorin:**

Ulrike Scheuermann unterstützt seit 1997 WissenschaftlerInnen, SachbuchautorInnen und andere Berufstätige beim inspirierten Schreiben und erfolgreichen Publizieren.
Die Diplom-Psychologin ist selbst siebenfache Sachbuchautorin und bietet Seminare und Coaching zu Schreibfitness, Schreibdenken und zur Sachbuch-Entwicklung in ihrer Akademie für Schreiben an – live, telefonisch/per Skype und mit Online-Lernprogrammen.
Mehr Informationen: www.akademie-fuer-schreiben.de

Bibliografische Information der Deutschen Nationalbibliothek
Die Deutsche Nationalbibliothek verzeichnet diese Publikation in der Deutschen Nationalbibliografie; detaillierte bibliografische Daten sind im Internet über http://dnb.d-nb.de abrufbar.

Gedruckt auf säurefreiem und alterungsbeständigem Papier.


www.budrich-verlag.de

**ISBN 978-3-8252-4717-1**



Illustrationen: Ulrike Scheuermann, Berlin
Lektorat: Claudia Kühne, Berlin
Satz: Susanne Albrecht-Rosenkranz, Leverkusen, info@lektorat-albrecht.de
Umschlaggestaltung: Atelier Reichert, Stuttgart
Druck: Friedrich Pustet, Regensburg
Printed in Germany

# Inhalt

## Abbildungen

# Vorwort

Vor Ihnen liegt der dritte Band der Reihe „Kompetent lehren“, verfasst von Ulrike Scheuermann. Sie ist als Dozentin und Coach wie auch als Sachbuchautorin mit dem Thema „Schreiben lernen – Schreiben lehren“ an vielen Hochschulen in Deutschland, Österreich und in der Schweiz tätig; sie arbeitet mit Einzelpersonen, aber auch mit Gruppen von Lehrenden, Postdocs, Promovierenden und Studierenden.

Wer kennt das nicht – „Schreiben mit erhitzten Wangen“? Als Wissenschaftlerin und als Wissenschaftler, als Lehrende an einer Hochschule verfügen Sie über Erfahrung mit dem Schreiben von hochkomplexen Texten und verschiedenen Textsorten. Sicherlich kennen Sie das Gefühl des zeitvergessenen Schreibens, wahrscheinlich aber auch genauso gut jenes von zähen und mühsamen Schreibphasen.

So oder ähnlich ergeht es auch vielen Studierenden. Diese müssen im Rahmen ihres Studiums erste wissenschaftliche Texte verfassen und am Ende ihres Bachelor- oder Masterstudiums meist eine umfassende wissenschaftliche Arbeit abliefern, mit der sie ihre erworbenen fachlichen und methodischen Kompetenzen und auch Schreibkompetenzen nachweisen müssen. Doch wissenschaftliches Schreiben wird in deutschen Hochschulen bislang kaum systematisch vermittelt. Erst recht wird Schreiben und Schreibdenken noch nicht als didaktisches Werkzeug für die Lehre verstanden und eingesetzt – auch jenseits der Vermittlung von Schreibkompetenz, sondern ebenso für die Lehre in allen Fächern.

Mit dem vorliegenden aktualisierten dritten Band der Reihe „Kompetent lehren“ wollen wir – die Autorin Ulrike Scheuermann und Sabine Brendel als Reihenherausgeberin – Ihnen theoretische Hintergründe wie methodisches Handwerkzeug vermitteln, um Ihnen dies als Erleichterung und Hilfestellung für bekannte Probleme in der Lehre und beim Schreiben an Hochschulen an die Hand zu geben. Ulrike Scheuermann stellt dabei ihr Konzept „Schreibdenken" vor, das stark von der Idee des prozessorientierten Schreibens inspiriert ist.

Nicht zuletzt: Wir wollen Sie zum „Schreiben mit erhitzten Wangen" ermuntern - für Sie wie für Ihre Studierenden und wünschen Ihnen viel Spaß bei der Lektüre und Erfolg bei der Umsetzung.

*Sabine Brendel*
*Berlin, im Juni 2016*

# Schreiben mit erhitzten Wangen

Vor mir auf dem Tisch steht eine große Fünf-Minuten-Sanduhr. Der Sand rinnt. Die Teilnehmenden schreibdenken. Ich sehe gesenkte Köpfe und bewegte Hände. Die meisten schreiben mit Stift und Papier, vereinzelt höre ich das sanfte Klackern der Tastatur. Die Stimmung im Raum ist konzentriert. Dann ist der Sand durchgelaufen. „Die fünf Minuten sind um, schreiben Sie Ihren letzten Satz einfach noch zu Ende“, sage ich. Manche notieren schnell noch etwas, andere werfen den Stift neben das Papier, lehnen sich zurück, atmen tief durch.

Ein Seminarraum mitten in Berlin: Ich leite das Seminar „Schreibdenken für Lehrende“. Auch heute erlebe ich, wie konzentriert, freudvoll und fokussiert die Teilnehmenden in der Gruppe schreiben. DozentInnen aller 13 öffentlichen Berliner Hochschulen nehmen an den Veranstaltungen des Berliner Zentrums für Hochschullehre teil – wissenschaftliche MitarbeiterInnen, Lehrbeauftragte und ProfessorInnen.

Schreiben mit erhitzten Wangen, Schreiben im Fluss: Schreibdenken heißt, beim Schreiben weiterzudenken. Dabei nutzen Sie das Schreiben, um mit kreativen, denk- und schreibfördernden Techniken frei von Selbstzensur auf neue Ideen zu kommen, Erfahrenes zu reflektieren und zu integrieren sowie an Ihre innere Sprache anzuknüpfen, um eine eigene Schreibstimme zu entwickeln. Neben dem Schreiben für die Öffentlichkeit lernen Sie eine private Form des Schreibens kennen: Niemand außer Ihnen selbst wird – zumindest vorerst – die so entstandenen Texte lesen.

Ich selbst schreibe recht frei drauflos, mal mehr und mal weniger gelungen. Andere jedoch planen gründlich, und die Erstfassung ähnelt der Endfassung schon weitgehend. Das sind nur zwei von vielen verschiedenen Schreibstrategien. Es lohnt sich, diese kontinuierlich zu reflektieren, denn das eigene Schreibhandeln verändert sich im Lauf der Jahre – die Schreibkompetenz und mit ihr das Repertoire möglicher Vorgehensweisen wächst, die Anforderungen jedes Schreibprojektes sind immer wieder anders und Schreiben ist ohnehin ein höchst eigenwilliger Prozess. Nie verläuft er gleich. Schreiben bleibt voller Überraschungen, auch für erfahrene Schreibende. Genau deshalb unterstütze ich auch nach fünfzehn Jahren noch gerne WissenschaftlerInnen und Fach-/SachbuchautorInnen beim Schreiben und Publizieren.

Bis in die 1990er Jahre galten Schreibforschung und -didaktik wenig an Hochschulen im deutschsprachigen Raum. Schreiben wurde als überfachliche Kompetenz nicht beachtet. Im Zuge des Shifts von der wissensorientierten zur kompetenzorientierten Lehre wird Schreiben jedoch als zunehmend wichtiger Baustein von selbstgesteuertem Lernen angesehen und findet seinen Platz etwa an neu entstehenden universitären Schreibzentren und in immer zahlreicheren Fortbildungsangeboten für wissenschaftlich Schreibende. Diese sich ausdifferenzierende Vielfalt schreibdidaktischer Konzepte, Forschungen und Institutionen macht Hoffnung auf eine weitergehende Entwicklung in dieser Richtung.

Ich danke meinen SeminarteilnehmerInnen und KlientInnen, die mich mit ihrer Lern- und Experimentierfreude auf Ideen für neue Schreibdenkübungen gebracht und zur Ausgestaltung des Schreibdenken-Ansatzes inspiriert haben. Ich danke den vielen SchreibdidaktikerInnen und -forscherInnen, die mir Anregungen gegeben haben, mit ihren Publikationen oder im direkten Austausch, so etwa Prof. Dr. Gerd Bräuer, der mir vor vielen Jahren während meiner Schreibberaterausbildung das Konzept des „Schreibend lernen" nahegebracht hat. Ich danke Sumi Jessien und Claudia Kühne vom Verlag Barbara Budrich für die gute Zusammenarbeit. Ich danke Dr. Sabine Brendel, die als ehemalige Leiterin des Berliner Zentrums für Hochschullehre und jetzige Leiterin der Hochschuldidaktik an der Universität Zürich den Anstoß zu diesem Buch gegeben hat und die mich während der Manuskriptphase mit konstruktivem Feedback begleitet hat. Ich danke Swantje Lahm, Schreibdidaktikerin und Schreibcoach, für den seit Jahren lebendigen Austausch über das Thema „Schreibdenken" und für ihre Auskunftsfreudigkeit im Interview für dieses Buch. Und ich danke meiner Familie – vor allem meinem Mann und meinem Sohn –, dass sie auch dieses Buchprojekt unterstützend mitgetragen haben.

Ich wünsche Ihnen Freude und Inspiration beim Lesen dieses Buches – und beim Schreibdenken!

*Ulrike Scheuermann, Berlin, im Juni 2016*

# 1 Lust auf Schreibdenken entwickeln

In diesem Kapitel erfahren Sie, warum Sie Schreibdenken mit Gewinn für Ihr eigenes Schreiben und Lernen und das Ihrer Studierenden einsetzen können und warum es Ihnen bei Ihrer beruflichen und persönlichen Entwicklung helfen kann. Vorweg beschreibe ich das Schreibdenken kurz, damit Sie eine erste Vorstellung davon bekommen, worum es in diesem Buch geht.

Schreibdenken ist eine schriftliche Denk- und Lernmethode, die dabei hilft, sich nach innen zu wenden und dort konzentriert an die innere Sprache und die eigene Gedanken- und Gefühlswelt anzuknüpfen. Text- und bildorientierte, assoziative und strukturierende Techniken fördern das konzentrierte Denken und die Schreibkompetenz sowie das selbstgesteuerte Lernen und eignen sich für Selbstcoaching. Schreibdenken basiert auf Konzepten wie „writing to learn", „Kreatives Schreiben", „Visual Thinking" und psychologischen, etwa Selbstcoaching-Ansätzen. Schreiben fungiert als Denk- und Lernwerkzeug und nicht wie gewohnt zur Außen-Kommunikation. Schreibdenken ist denk- und schreibfördernd, inspirierend, bringt Neues hervor und es lassen sich damit Probleme lösen. Wer es so erlebt, kann sich dadurch beruflich und persönlich, also nicht nur mit seinem Schreibprojekt weiterentwickeln.

Doch beileibe nicht alle Schreibenden erleben das Schreiben von Beginn an in dieser Weise. Das soll sich ändern. Denn Schreiben kann *das* Denkinstrument sein, wenn es um komplexe Gedankengänge und Inhalte geht, wenn es gilt, voller Schaffensfreude inspirierende Gedanken zu formulieren und mit anderen Menschen zu teilen. Ich möchte diese gesammelte Schreibfreude weitergeben; deshalb bin ich Schreibcoach. Und deshalb zeige ich erst einmal die Vorzüge des Schreibdenkens in fünf Bereichen auf: Mit Schreibdenken lässt es sich besser denken, lernen, lehren, schreiben und durch den beruflichen Alltag navigieren.

## Besser denken

Beim Schreibdenken wird Schreiben zur Denkmethode, die dabei hilft, die eigenen Gedanken in konkrete Worte zu fassen. Wir sehen uns quasi selbst beim Denken zu. Zugleich schreiben wir, um erst herauszufinden, worüber wir nachdenken. Und unser Denken verändert sich wiederum durch das Schreiben (Molitor-Lübbert 2003; Lonka 2007; Berning 2002). So kommt ein schöpferischer Prozess in Gang, der in neue Denkregionen führen kann.

Mit Schreibdenken können Sie Ihr freies Denken trainieren. Sie schreiben nah an Ihrer inneren Sprache, weil Sie unzensiert und assoziativ schreiben. Insbesondere durch die Privatheit – man ist sich beim Schreiben bewusst, nicht für LeserInnen zu schreiben – lässt sich die innere Zensur gut ausschalten, die sonst viele interessante Gedanken verbietet, bevor sie bewusst werden. Die übliche Kontrollinstanz ist geschwächt und innovative Gedanken können bis zum ausformulierten Satz hervorbrechen. Sigmund Freud, der bekanntlich als Schreiber äußerst produktiv war, notiert in einem Brief an Wilhelm Fliess:

> „Ich wusste bei keinem Satzanfang, wo ich landen werde. Es ist natürlich nicht für den Leser geschrieben, der Versuch einer Stilisierung nach den ersten zwei Seiten aufgegeben. Natürlich glaube ich aber doch an die Resultate. In welche Form der Inhalt sich endlich fügen wird, ahne ich noch gar nicht" (Freud 1986:348).

Neben der Privatheit des Schreibens wird in dem Zitat ein anderer Aspekt deutlich: Offenheit und neugieriges Beobachten dessen, was da auf dem Papier oder dem Bildschirm Form annimmt, sind wichtige Voraussetzungen für Prozesse des Schreibdenkens. Ein dritter Faktor für die Zensurschwächung ist das hohe Tempo beim Schreiben. Schrieben Sie langsamer, so wäre im Gehirn mehr Platz für (kritische) Nebengedanken, weil es nicht ausgelastet ist. Auch schreiben Sie beim schnellen, unzensierten Schreiben regelfreier – Grammatik, Satzbau und Wortwahl spielen eine untergeordnete Rolle und ziehen somit keine Aufmerksamkeit vom Inhalt ab.

Sie aktivieren also eine Fülle von Assoziationen – und halten diese gleich schriftlich fest. Dadurch verankern Sie sie und können sie später wieder abrufen und zu anderen Assoziationen in Beziehung setzen. Ohne Dokumentation würden viele dieser Assoziationen verlorengehen, denn selbst geniale Ideen sind oft zu flüchtig, um sie sich länger zu merken.

Sie schaffen sich also mit Schreibdenken optimale Voraussetzungen für komplexes Denken. Der Schreibforscher und -didaktiker Otto Kruse (2005:229) schreibt dazu:

„Viele wissenschaftliche Themen kann man erst dann lösen, wenn man alle Aspekte explizit formuliert hat. Das Denken ist dafür insofern nicht genügend vorbereitet, als es immer nur kleine Ausschnitte fokussieren kann. Systematisch denken kann man nur, wenn man schreibt, also die Ergebnisse seines Denkens festhält und mit weiteren Aspekten in Beziehung setzt."

Und die finnische Schreibdidaktikerin Kirsti Lonka (2007) formuliert es in einem Vortrag so: „Writing shapes thinking and thinking shapes writing" und hebt die Bedeutung des Schreibens für die Entwicklung des wissenschaftlichen Denkens hervor: „The acquisition and use of writing is important in the development of scientific thinking". Der Akt des Schreibens bringe uns dazu, auszuformulieren und zu verstehen, was wir eigentlich meinen. Zum Teil entwickeln wir dabei aus implizitem erst explizites Wissen, das wir zuvor noch nicht formulieren konnten.

## Besser lernen

Bei einem traditionellen Lehr- und Lernverständnis steht die Wissensvermittlung durch die Lehrenden im Mittelpunkt. Gehen wir jedoch von einem modernen, handlungsorientierten Lehr-Lernverständnis aus, so stehen die Lernenden im Zentrum. Sie setzen sich aktiv und selbsttätig mit den Lehrinhalten auseinander (Ritter-Mamczek 2011). Lehre ist demnach so zu gestalten, dass ein aktives und selbsttätiges Lernen durch die Studierenden möglich ist. Lernen ist ein Prozess der „Aneignung von bislang nicht Verstandenem, bislang nicht Gewusstem und nicht Gekonntem" (Meueler 2010:974), und in diesem Prozess kann das Schreiben als Werkzeug für diese Aneignung einen zentralen Platz einnehmen. Für die Beschreibung des Lernprozesses halte ich die Einteilung in die zwei Phasen „Einatmen" und „Ausatmen" (Döring & Ritter-Mamczek 2002; Ritter-Mamczek 2011) für besonders geeignet und anschaulich. Das Einatmen ist die rezeptive Phase im Lernprozess – neue Informationen werden aufgenommen –, gefolgt vom Ausatmen, der expressiven Lernphase. Um einen Lernvorgang zu vervollständigen, muss die zweite Phase, das Ausatmen, unbedingt stattfinden. Hierbei setzen die Lernenden neue Informationen in Aktivität um: Sie erinnern das neu Aufgenommene, geben es wieder und leisten Transferarbeit. Und genau dort ist das Schreibdenken im Lernprozess angesiedelt: Neues Wissen wird in eigene Denkprozesse integriert und schreibend ausformuliert. Nicht länger muss Schreiben also lediglich ein Mittel zur Textproduktion für die Präsentation von Arbeitsergebnissen und Wissen sein, sondern Lehrende wie Lernende nutzen es für einen Prozess, in dem sie sich Informationen aneignen und verarbeiten.

## Besser lehren

Die Bedingungen für eine Etablierung von Schreibdenken in der Lehre und beim Lernen sind denkbar günstig. Das Interesse an schreibdidaktischen Ansätzen wächst auch in Europa. Im Zuge des Bologna-Prozesses kann Schreibdenken immer mehr Raum einnehmen – dank der Aufwertung der Hochschuldidaktik mit einem Lehr-Lernverständnis, das auf Handlungsorientierung und Selbststeuerung setzt.

Wenn Sie Schreibdenken in Ihren Lehrveranstaltungen anleiten, können *alle* Teilnehmenden aktiv werden, auch diejenigen, die sonst still bleiben, weil sie mehr Zeit und Ruhe für die Gedankenentwicklung benötigen. Dazu ein Beispiel: Sie möchten gemeinsam mit Studierenden eine Fragestellung erörtern. Dafür sollen die Studierenden zuerst einmal ihr eigenes Vorwissen aktivieren. Sie können nun mündliche Beiträge der Studierenden sammeln und an die Tafel schreiben oder eine mündliche Diskussion in Kleingruppen vorschlagen. Sie können aber auch fünf Minuten Schreibdenken anregen: Die Studierenden schreiben erst einmal für sich allein ihre Ideen zu der Fragestellung auf. *Danach* sammeln Sie die Ideen. So geben Sie jedem und jeder Lernenden die Möglichkeit, in Ruhe die eigenen Gedanken zu entwickeln, auszuwerten und zu gewichten. Alle Studierenden – Introvertierte wie Extravertierte – können ihr implizites Wissen aktivieren und erfahren, dass sie mehr wissen, als sie erst dachten. So erhalten Sie vielfältigere Beiträge von mehr Studierenden und können in der mündlichen Diskussion leichter die Oberfläche verlassen. Zudem entsteht im Seminar durch die Schreibdenkeinheiten eine konzentrierte und ruhige Stimmung.

## Besser schreiben

Katrin Girgensohn geht davon aus, dass Schreibkompetenz durch bestimmte Schreibtätigkeiten mit verschiedenen Funktionen aufgebaut wird; eine dieser Schreibtätigkeiten dient der Weiterverarbeitung von Wissen (Girgensohn 2007:208ff.) und das Schreibdenken erfüllt diese Funktion in bestmöglicher Weise.

Schreibdenken hilft zudem bei einer Vielzahl von Schreibproblemen und trägt so zu besserem Schreiben bei. Es hilft etwa dabei, die oftmals erst nicht vorhandene Schreibmotivation zu entwickeln. Unzählige Schreibende schieben ihre Schreibaufgaben vor sich her. Mit dem besonders niedrigschwelligen Ansatz des Schreibdenkens - kurze Übungen, die leicht von der Hand gehen und ohne Bewertung bleiben - gelingt der Einstieg in den Schreibprozess leichter. Wenn Sie im Seminar immer mal wieder eine Schreibdenkübung anleiten, wird Schreiben selbstverständlich und Teil der Seminar- und Kommunikationskultur. Es ist nicht länger eine Tätigkeit, die allein im stillen Kämmerlein und ohne jegliche Kommunikation mit anderen ausgeübt wird.

Die Schreibkompetenz wächst auch durch die Entwicklung der eigenen Schreibstimme. „Voice“ heißt das Konzept, das dahinter steht - dazu mehr in Kapitel 2.3. Erinnern Sie sich kurz einmal an einen Text, der Sie beim Lesen inspiriert hat: Vermutlich hatten Sie Lust, weiterzulesen, fanden den Autor sympathisch, die Inhalte spannend und das Lesen entspannend. Dieser Text hatte etwas, was andere Texte nicht haben: eine eigene Schreibstimme. Und die kann man entwickeln - durch Schreibdenken. Denn dabei schreiben Sie besonders nah an Ihrer inneren Sprache. Und wer die innere Sprache aufs Papier oder auf den Bildschirm bringen kann, dessen Text entsteht aus dem Fluss, und so klingt er später auch: lebendig, authentisch, inspiriert. Darüber hinaus gilt: Wenn das Schreiben leicht geht - wie beim Schreibdenken der Fall -, so lesen auch die Lesenden den Text später leicht und der Text erzeugt Resonanz. Es geht dabei nicht um stilistisch perfekte Texte. Auch holprig formulierte Texte können mit der eigenen Schreibstimme stark wirken. Der authentische Ausdruck ist oftmals ausschlaggebend.

Ich möchte noch einen weiteren Aspekt erwähnen, der die Schreibkompetenz stärkt und der im Lehr- und Lernalltag leicht verlorengehen kann: Schreibdenken macht Spaß, und mit Spaß schreibt es sich einfach besser. Beim Schreibdenken sind alle gleich – weiterdenkend, neugierig, tätig. Sie schreiben motiviert und im Fluss. Und was wir mit Freude tun, erbringt wie von selbst bessere Ergebnisse. Schließlich ist dies wiederum ein wichtiges Kriterium für die Lehre: Andere zum inspirierten und produktiven Schreiben zu motivieren wird Ihnen besser gelingen, wenn Sie selbst freudvoll schreiben.

## Besser durch den Arbeitsalltag navigieren

Perfektionismus, Angst, negative Schreibstimmung, fehlende Motivation zum Schreiben, Selbstabwertung im Schreibprozess, aber auch überfordernde Lehrsituationen sowie schwierige Beziehungskonstellationen mit Studierenden, KollegInnen und Vorgesetzten: Die Liste der Probleme, die beim Schreiben und im Lehralltag auftauchen, ist lang. Fragen beschäftigen die Lehrenden: „Wie kann ich die Studierenden ohne Druck zum Arbeiten motivieren?“, „Wie schaffe ich es, mein Schreibprojekt nicht weiter vor mir her zu schieben?“ oder „Wie verhalte ich mich gegenüber Herrn Müller?“ Zugleich sind Lehrende eingebunden in vielfältige und fordernde Arbeitsaufgaben und können oft nur wenig Zeit in die Reflexion ihrer Arbeit investieren – oder fühlen sich so unter Druck, dass sie meinen, dies nicht zu können. In diesem Fall eignet sich Schreibdenken als effektives Selbstcoaching-Werkzeug, mit dem Sie auch schnell zwischendurch mal innehalten und in eine neue Richtung denken können. Konzentriert und zugleich kreativ gelingt es mit Schreibdenken, sich selbst zu erkunden, Probleme zu analysieren, berufliche Ziele zu erkennen und schreibend neue Lösungswege finden. Diese Lösungsideen sind andere, als sie das bloße Nachdenken oder Grübeln über ein Problem hervorbringen würde. So lässt sich etwa mit verschiedenen Formen des Perspektivwechsels ein innerer Dialog entwickeln, mit dem sich Schreibende selbst Rat geben können. Schreibdenken ermöglicht darüber hinaus, sich von schwierigen Gefühlen zu entlasten, auf neue Ideen für Problemlösungen zu kommen, sich selbst und andere besser zu verstehen sowie neue Erfahrungen zu verankern.

## Ziele und Aufbau des Buches

Dieses Buch ist zum einen verfasst für alle, die wissenschaftlich arbeiten und schreiben. Sie können damit Routinen entwickeln, die ihnen beim Lernen, Forschen, Sich-selbst-Reflektieren und Schreiben helfen. Zum anderen ist es für Lehrende geschrieben, um damit neue Impulse für ihre Studierenden und für die Lehrsituation zu setzen.

Mein Ziel ist, dass Sie beim Lesen dieses Buches entdecken und ausprobieren, wie gut Schreibdenken funktioniert und wie viel Freude es bereitet. Handlungsorientiert und praxisnah möchte ich Ihnen Ideen und Ansätze vermitteln, mit denen Sie Ihrer Lehre, Ihrem Schreiben und Ihrer Reflexion über Ihre Arbeit neue Impulse geben können. Sie lernen Methoden für die Praxis kennen, reflektieren Ihre eigene Lehr- und Schreibpraxis und entwickeln sich persönlich weiter. Sie bestücken Ihren Methodenkoffer mit einer Fülle von Übungen für die Lehrpraxis sowie für den Eigengebrauch.

Ich möchte auch erreichen, dass Sie selbst und Ihre Studierenden das Schreibdenken typgerecht in Ihr eigenes Schreibhandeln einpassen. Dazu gehören Fragen wie: „Wie gehen Sie im Schreibprozess vor?“ oder „Wie können Sie Ihr Schreibhandeln effektiver und befriedigender gestalten?“ Je intensiver Sie als Lehrende sich mit Ihrem Schreiben auseinandergesetzt haben, desto wirksamer können Sie es Ihren Studierenden vermitteln.

Im nächsten Kapitel vermittle ich, was Schreibdenken ist und in welchem fachlichen und organisationalen Kontext es steht. Im dritten Kapitel können Sie herausfinden, wie Sie im Schreibprozess am effektivsten vorgehen und welcher Schreibtyp Sie sind. Anschließend lernen Sie im vierten Kapitel verschiedene Techniken und Methoden für Schreibdenken kennen. Im fünften Kapitel lesen Sie, wie Sie Schreibdenken in der Lehre einsetzen können, und im sechsten Kapitel erfahren Sie, wie Sie es als Selbstcoaching-Werkzeug dafür nutzen können, um Ihren Arbeitsalltag zu reflektieren und bei (Schreib-)Problemen kreative Lösungen zu finden.

Mit den Schaubildern zeige ich den Ablauf der komplexeren Übungen oder verdeutliche Zusammenhänge. Sie sollen Ihnen zugleich für die Lehre als Anregung für Ihre eigenen Tafelbilder oder als Kopiervorlagen dienen.

# 2. Schreibdenken verstehen

Was verbirgt sich hinter dem Begriff Schreibdenken, welche Grundidee steht hinter dem Konzept und welche anderen Konzepte und Modelle spielen dabei eine Rolle? Diesen Fragen gehe ich in diesem Kapitel zuerst nach. Anschließend stelle ich den aktuellen Stand der Schreibdidaktik und die hochschuldidaktischen Entwicklungen vor, die jetzt und für die Zukunft günstige Voraussetzungen für die Etablierung von Schreibdenken an Hochschulen bieten. Dann benenne ich typische Probleme beim (wissenschaftlichen) Schreiben, die mit Schreibdenken gelöst werden können. Abschließend blicken wir auf das Land mit der unbestritten fortschrittlichsten schreibdidaktischen Praxis - die USA.

## 2.1 Was „Schreibdenken“ bedeutet

Beim Schreibdenken gehen Schreiben und Denken eine schöpferische Verbindung ein. So habe ich den Begriff „Schreibdenken“ (Scheuermann 2013a) und mit ihm im Lauf der Jahre das Konzept entwickelt, das Sie in diesem Buch kennenlernen. Der Name ist durch einen aus der Sprechwissenschaft stammenden Begriff angeregt: „Sprechdenken“ bezeichnet die parallele Fähigkeit von Sprechen und Denken; jemand denkt während des Sprechens schon voraus, hin zum nächsten Gedanken, zum nächsten Satz. Beim Schreiben verhält es sich ähnlich: Während man Wörter und Sätze formuliert, geht parallel das Denken schon weiter. Das ist eine großartige Fähigkeit des Menschen, die uns sowohl beim Sprechen als auch beim Schreiben zugute kommt.

„Schreibdenken“ bezeichnet sowohl den Prozess des Wieterdenkens beim Schreiben als auch die Methode mit verschiedenen Techniken: assoziative, strukturierende, reflektierende sowie Text-Bild-integrierende Techniken sorgen für eine hohe Kreativität und Denkleistung, unter anderem durch die Integration beider Gehirnhälften. (Scheuermann 2010; 2011). Das Schreiben wird genutzt, um herauszufinden, worüber man nachdenkt. Es fungiert als Denk- und Lernwerkzeug und vorerst nicht zur Außenkommunikation. Die Texte *können* die Grundlage für spätere öffentliche Texte bilden. Zum methodischen Ansatz des Schreibdenkens gehört es, textliche und bildliche Darstellung miteinander zu verbinden und abschließend immer das Wesentliche, den Kerngedanken, herauszufiltern. Klassische Techniken des freien und kreativen Schreibens sind verknüpft mit Methoden, die dabei helfen, auch psychologische Aspekte des Schreibens zu integrieren, wie etwa die Auseinandersetzung mit den verschiedenen Anteilen der eigenen Persönlichkeit oder den zeitlichen Perspektivenwechsel. So setzt Schreibdenken die Entwicklung von Schreibkompetenz praktisch um, kommt zugleich der Anforderung handlungsorientierter Lehre und selbstgesteuerten Lernens nach und initiiert sowie ermöglicht Selbstreflexion und Selbstcoaching.

## 2.2 Wie Schreibdenken funktioniert

Mit den wichtigsten Grundregeln für Schreibdenken erfahren Sie im Folgenden, wie Schreibdenken funktioniert. Ich formuliere die Regeln als Tipps – so haben Sie gleich eine Anleitung, die Sie für sich selbst und für die Lehre nutzen können.

### Schreibdenken Sie unzensiert und assoziativ

Jeder von uns hat innere, beurteilende Persönlichkeitsanteile in sich, und diese äußern sich als überkritische Stimmen; sie bewerten, sieben aus und verdrängen so manche gute Idee, bevor sie richtig bewusst wird. Schreibdenken Sie deshalb so unzensiert wie möglich und schalten Sie alle Impulse aus, mit denen Sie das gerade Geschriebene bewerten und möglicherweise aussparen wollten. Nehmen Sie jeden Einfall, jedes Wort, das Ihnen in den Kopf kommt, als wertvoll und wichtig entgegen und bringen Sie ihn schreibend aufs Papier oder auf den Bildschirm. Versetzen

Sie sich in eine Stimmung, in der Sie Kreativität und alle aufkommenden Assoziationen willkommen heißen.

## Schreibdenken Sie privat

Denken Sie immer daran: Niemand außer Ihnen selbst wird jemals Ihre Schreibdenktexte zu lesen bekommen. Einer der größten Schreibhemmer ist das Bewusstsein, dass später eine Leserin oder ein Leser den eigenen Text lesen, bewerten und möglicherweise abwerten könnte. Fällt diese Ausrichtung auf kritische Lesende weg, so können Sie sich voll und ganz auf Ihre Gedankengänge, Ihre innere Sprache und den Prozess der Versprachlichung von neuen Ideen konzentrieren. Privates Schreiben zielt nicht auf perfekte Kommunikation im Sinne effektiven Fremdverstehens. Ich sage mir mitunter vor dem Schreiben: „Diesen Text schreibe ich für die Schublade", obwohl ich schon ahne, dass es nicht so sein wird. Das scheint ein billiger Trick zu sein, aber er funktioniert.

## Schreibdenken Sie schnell

Zwar geht das Denken viel schneller vonstatten, als unsere Hände schreiben können, doch Sie können sich Ihrem Denktempo immer mehr annähern. Zum Beispiel – wenn Sie gerne tippen –, indem Sie das Zehnfinger-Tippsystem erlernen und so nach einigen Wochen Training fortan um ein Vielfaches entspannter, schneller und somit auch freier schreiben. Schnelles Schreiben hat den großen Vorteil, dass Sie damit die Selbstzensur abschwächen, denn so haben Sie keine Zeit zum Nachdenken über das, was Sie gerade schreiben – und damit auch keine Zeit für beurteilende und zensierende Gedanken.

## Schreibdenken Sie kurz

Ich rate meist zu zeitbegrenztem Schreiben in kurzen und häufigen Zeiteinheiten. Denn ich erlebe es immer wieder, dass nicht begrenzte Schreibeinheiten dazu führen, dass Schreibende mit ihren Gedanken abschweifen, sich in Nebentätigkeiten verlieren und weniger fokussiert schreiben. Andere überfordern sich und verlieren dadurch die Lust, am nächsten Tag weiterzuschreiben. Wieder andere scheuen vor dem Schreiben zurück, wenn sie wissen, dass lange Schreibstunden vor ihnen liegen. Viele Schreibdenktechniken dauern nur drei bis fünf Minuten, wenige über zehn Minuten - ein Wecker hilft, die Zeit im Blick zu behalten.

## Schreibdenken Sie täglich

Das tägliche Schreiben ist mehr als nur eine Taktik, um motiviert zu schreiben. Es ist eine Grundhaltung. Erst im täglichen Schreiben wird aus vereinzelten Gedankenblitzen und Ideensprüngen ein kontinuierlicher Gedankenfluss, der sich durch die tägliche Routine immer mehr zu einem breiten Strom erweitert. Das gelingt nicht, wenn Sie fünfmal im Jahr eine Schreibdenksession einlegen.

## Schreibdenken Sie mit Freude und Neugier

Nutzen Sie die Schreibdenktechniken, die Ihnen am meisten Freude bereiten und bei denen Sie den Eindruck haben, dass Sie die besten Gedanken damit produzieren. Es gilt das Lustprinzip. Und: Bleiben Sie beim Schreiben neugierig auf das, was Sie gleich lesen werden, nachdem Sie es geschrieben haben.

## Schreibdenken Sie mit Auswertung

Beim Schreibdenken besteht immer die Gefahr, in der entstandenen Gedanken- und Textfülle unterzugehen und den Überblick zu verlieren. Durch die Auswertung können Sie die wichtigsten Inhalte visuell hervorheben. So verankert sich die Kernaussage besser im Gedächtnis und ist später leichter wieder abrufbar - sowohl beim Durchlesen der schriftlichen Aufzeichnungen als auch in der Erinnerung.

## Weitere Hinweise

- Schreiben Sie auch von Hand - wenn Sie das mögen.
- Kombinieren Sie auch Bild und Text miteinander - wenn Ihnen das liegt.

- Wählen Sie besondere Schreiborte fern von Arbeitsstress und Routinetätigkeiten - sie werden Ihr Schreibdenken beflügeln.
- Schreibdenken Sie auf zwei Ebenen: auf der Sachebene und parallel auf der Metaebene zur Reflexion des Arbeitsprozesses - wenn Sie über sich selbst nachdenken und sich im Schreibprozess auf neue Art weiterentwickeln wollen.

## 2.3 Wie Schreibdenken mit anderen Konzepten zusammenhängt

Es existieren schon lange Formen des Schreibens, die versuchen, implizites Wissen explizit zu machen. Neuere Wurzeln des Schreibdenkens reichen bis zum Ende des 19. Jahrhunderts in die Psychologie zurück. Dort wurde das automatische Schreiben angewandt, um durch freies Assoziieren Unbewusstes zutage zu fördern. Die französischen Surrealisten haben die *écriture automatique* genutzt. Im Feld des therapeutischen Schreibens wenden SchreibtherapeutInnen diese Technik nach wie vor an. Und wir tun bei der Ideenentwicklung für Sachtexte nichts anderes. So kam in den 1960er Jahren der Begriff freewriting auf, geprägt durch Peter Elbow (1998a, 1998b) für das wissenschaftliche Schreiben: Durch freies Schreiben, das an die innere Sprache anknüpft, entstehen authentische, vorerst nichtöffentliche Texte. Erst durch dieses freie und unzensierte Schreiben können Studierende ihre eigene Wirklichkeit konstruieren und fern von Bewertung authentische Texte produzieren.

Neben dem schreibdidaktischen Konzept des „Schreibend lernen" und Publikationen wie etwa „Schreiben als Denk- und Wahrnehmungshilfe" (Berning 2002), „Schreibend lernen" (Bräuer 1998) oder „Schreiben und Denken" (Ortner 2000) beziehe ich mich auf weitere Ansätze, die mit Schreibdenken in Zusammenhang stehen: das sprechwissenschaftliche Konzept des Sprechdenkens, das Kreative Schreiben, das Konzept Voice, das Flow-Modell, das therapeutische Schreiben und Selbstcoaching-Ansätze.

## Schreibend lernen

Mit dem Konzept des Schreibend Lernen haben SchreibdidaktikerInnen die in den USA sehr lebendige und im Hochschulkontext verwurzelte Tradition des „Writing to learn“ auf den deutschsprachigen Raum übertragen. So etwa Andrea Frank und Gabriela Ruhmann mit der Etablierung eines Schreiblabors an der Universität Bielefeld, aus dem später weitere wichtige Schreibzentren wie das an der Ruhr-Universität Bochum hervorgingen; oder Gerd Bräuer mit dem Aufbau des Schreibzentrums an der Pädagogischen Hochschule Freiburg, aus dem sich u.a. eine Schreibberater-Ausbildung und sein Konzept schulischer Schreib- und Lesezentren entwickelte. Bräuer plädiert dafür, dass SchülerInnen und Studierende kontinuierlich Unterstützung erhalten, um ihre Texte zu verfassen und zu überarbeiten sowie Schreibprobleme zu bewältigen (Bräuer 1998). Mit diesem Ansatz erleben Lernende eine andere Art des Schreibens, bei der sie ihre Erkenntnisse und Erfahrungen sukzessive im Schreibprozess reflektieren. Schreiben wird zum zentralen Lernmedium. Bräuer möchte „die Werkbank unseres persönlichen Schaffens ins Licht rücken und einladen zur gemeinsamen Arbeit“ (Bräuer 2006:10). So können Schreibende und Lesende sich im gegenseitigen Feedback und in der Diskussion weiterbringen, das eigene Vorgehen reflektieren, Erfolge präsentieren und diese wiederum gemeinsam besprechen. Werkzeuge des schriftlichen Reflektierens können nach Bräuer (2000) etwa das Tagebuch, das Arbeitsjournal oder das Portfolio sein.

## Sprechdenken

In der Sprechwissenschaft wird mit dem Begriff „Sprechdenken“ (Geißner 1994) die Fähigkeit beschrieben, während des Sprechens schon weiterzudenken und die Sinneinheiten des nächsten Satzes oder der nächsten Sätze vorausschauend zu planen. Könnten wir nicht sprechdenken, müssten wir nach jedem Satz innehalten und den nächsten Satz erst einmal zeitaufwendig in Gedanken ausformulieren. Wenngleich das Sprechdenken in unserem Alltag selbstverständlich scheint, beherrscht es nicht jeder gleich gut, und in der Sprecherziehung wird mit einer Reihe von Übungen die Sprechdenkfähigkeit gefördert. Vor allem Übungen zur Steigerung der Assoziationsfähigkeit sind dabei im Einsatz und lassen sich übertragen: Auch Schreibdenken lässt sich mit assoziativ und schnell ausgeführten Übungen am besten umsetzen.

## Kreatives Schreiben

Kreatives Schreiben ist eine Sammelbezeichnung für verschiedenste Schreibkonzepte, die Schreiben als kreativen Prozess mit kreativen, assoziativen Methoden vermitteln (z.B. Werder 1993) – für die schulische Schreibdidaktik, für Therapie und Selbsterfahrung sowie für literarische, berufliche und wissenschaftliche Textformen. Ursprünglich in der lebendigen US-amerikanischen Tradition als *creative writing* zum Beginn des 20. Jahrhunderts entwickelt, reichen die Wurzeln deutlich weiter zurück: Schon in der Antike gab es Schreibspiele, im Barock wurde ähnlich spielerisch mit Sprache umgegangen und auch in neuerer Zeit haben etwa Schriftsteller im Dadaismus oder Surrealismus kreative Schreibtechniken als Quelle von Inspiration verwendet.

## Voice

In der Schreibforschung gibt es seit den 1970er Jahren eine rege Auseinandersetzung zum Thema Voice und expressionistischer Rhetorik. Peter Elbow (1998b) als einer der wichtigsten Vertreter des Voice-Ansatzes und andere gehen davon aus, dass ein Text erst dann gut wird, wenn er für den oder die AutorIn persönlich bedeutsam ist. Wenn Schreiben von innen kommt und diese innere Sprache sich anschließend im Text ausdrücken kann, wird Schreiben authentisch. Die eigene Schreibstimme erklingt – und die Lesenden empfinden den Text als stimmig. Nicht nur Regeln zum guten Stil, zu Wortwahl und Grammatik prägen also das Empfinden der Lesenden für einen guten Text, sondern ebenso das authentische Schreiben, in dem sich im besten Falle Inspiration, Begeisterung für das Thema und andere positive Gefühle des Schreibenden unmittelbar auf die Lesenden übertragen. Das spielt auch in der Lehre eine Rolle: Wenn Studierende Schreibaufgaben erhalten, die ihnen einen persönlichen Zugang zum Thema ermöglichen, so können sie leichter eigene sprachliche Muster entwickeln, anstatt diese nur nachzuahmen (Bräuer 1996:108). Peter Elbow (1998a) plädiert genau aus diesem Grund für das *freewriting*, auf dem der Gedanken- und der Fokussprint basieren, zwei Schreibdenktechniken, die Sie in diesem Buch kennenlernen. Denken, Sprechen und Schreiben rücken näher zusammen, dieses Ziel verfolgt auch Daniel Perrin, einer der führenden europäischen Schreibforscher, und hat für seine Schreibtechnik WAYS – Write-As-You-Speak – eine passende Software entwickelt (Perrin 2008:130).

## Flow

Die Schaffensfreude bei einer Tätigkeit ist unter anderem von dem Psychologen Mihalyi Csikszentmihalyi (2010) erforscht worden. Er hat das Konzept des Flow entwickelt und bezeichnet damit den bestmöglichen, hochgestimmten Arbeitszustand. Im Flow wird die Arbeit als befriedigend und beglückend empfunden, das Zeitgefühl ist in der Regel verändert oder ausgeschaltet und der Mensch geht im Tun auf. Zeitvergessene Leichtigkeit und anstrengungsloses Fließen sind charakteristisch. Gelingt es nun, in diesem Flow-Zustand zu schreiben, so macht Schreiben einfach Spaß, man ist hoch motiviert und wird es nicht nur in dieser Schreibeinheit sein: Weitere Schreibeinheiten haben immer bessere Chancen, ebenso motivierend zu verlaufen. Wer im Flow arbeitet und schreibt, ist ganz automatisch intrinsisch motiviert, d.h. die Tätigkeit selbst motiviert und weniger das Ergebnis, das am Ende des Prozesses steht. Aus der Motivationspsychologie weiß man, dass intrinsische Motivation der extrinsischen Motivation in ihrer Wirkkraft weit überlegen ist (Martens 2011). So kann Schreibflow dabei helfen, vielfältige Schreibprobleme zu lösen. Die wichtigsten Faktoren, die Schreibflow bewirken können, sind:

- Das Schreiben entspricht in etwa den eigenen Fähigkeiten, stellt also keine Überforderung, aber auch keine Unterforderung dar – es ist nicht langweilig. Das bedeutet zum Beispiel, dass wir Schreib- und Schreibdenktechniken souverän beherrschen sollten, um nicht in Stress zu geraten.
- Das Schreiben bietet eine Herausforderung. Die eigenen Fähigkeiten, so etwa die Formulierungskompetenz, können durch das Schreiben gesteigert werden. Es lohnt sich also, vor jedem Schreibprojekt für sich zu klären, was die persönlichen Lernchancen dieses Schreibprojektes sein können.

- Während des Schreibens ist eine schnelle klare Rückmeldung möglich, ob eine Steigerung der Schreibfähigkeiten gelungen ist. In der Regel merken wir während des Schreibens oder spätestens, wenn wir uns unseren Text noch einmal durchlesen, wie erfolgreich wir mit dem Schreiben waren.
- Wir sehen ein Ziel, einen Sinn in dem, was wir schreiben, und empfinden Lust und Schaffensfreude, die sich im Schreiben ausdrücken soll.
- Wir sind so konzentriert, dass die Tätigkeit unsere gesamte Aufmerksamkeit bindet. Es gibt keine Ablenkungen, kein Blumengießen und kein E-Mail-Checken.
- Das Zeitgefühl ist verändert bzw. ausgeschaltet. Oft wachen Schreibende, die im Flow schreiben, nach einiger Zeit auf und haben ganz vergessen, dass und wie viel Zeit vergangen ist.

## Therapeutisches Schreiben und Selbstcoaching

Mit dem Einbeziehen von Selbstcoaching und dem Bezug auf Ansätze des therapeutischen Schreibens geht das Konzept des Schreibdenkens über den unmittelbaren Lehr-Lern-Kontext hinaus. Nicht mehr didaktische Fragen stehen hier im Vordergrund, sondern die Frage nach der eigenen Befindlichkeit, nach Lösungen für Verhaltens-, Entscheidungs- und Beziehungsfragen. Das therapeutische Schreiben eröffnet eine Vielzahl von Möglichkeiten, Schreiben für Selbsterfahrung, emotionale Entlastung, Klärung und Veränderung von Gedanken, Gefühlen und Verhalten zu nutzen (z.B. Pennebaker 2009; Petzold & Orth 2005; Rico 1999). Verbinden wir es mit Ansätzen für Selbstcoaching, so lässt sich mit Schreibdenken hervorragend über sich selbst nachdenken und leichthändig lassen sich Lösungen für Probleme finden. Eine Form dieses Nachdenkens greife ich hier heraus: die Reflektion mit verschiedenen Persönlichkeitsanteilen. Heute gehen sowohl PsychologInnen als auch HirnforscherInnen davon aus, dass es kein konsistentes Ich gibt, sondern viele verschiedene Ich-Zustände. Etwa ein autobiografisches Ich, das dafür sorgt, dass die eigene Geschichte als stimmig erlebt wird, ein selbstreflexives Ich, das beurteilt und über sich selbst nachdenkt, oder ein moralisches Ich, das entscheidet, was gut und schlecht ist (Precht 2007:69). Der Kommunikationspsychologe Schulz von Thun (2010) hat das Modell eines „Inneren Teams“ entwickelt. Er geht davon aus, dass in der menschlichen Psyche verschiedene Persönlichkeitsanteile in Form von inneren Teammitgliedern repräsentiert sind, die sich mit unterschiedlichen inneren Stimmen äußern. Das Modell des Inneren Teams lässt sich nutzen, um widerstreitende Strebungen und Blockierungen beim Schreiben aufzulösen. Ziel ist letztlich, das Innere Team in eine bessere Kooperation zu führen, und das kann schreibdenkend geschehen.

## 2.4 Warum Hochschulen eine moderne Schreibdidaktik brauchen

Wenn ich in meinen Seminaren für Promovierende zu Beginn frage, wer schon einmal an einer Fortbildung zum Thema „Schreiben“ teilgenommen habe, so meldet sich selten jemand. Bis zu den späten 1990er Jahren war die Situation an europäischen Hochschulen fast absurd: Eine zentrale Schlüsselkompetenz für WissenschaftlerInnen – das Schreiben – fristete in der wissenschaftlichen Ausbildung ein Schattendasein. Otto Kruse und Eva-Maria Jakobs konstatierten gegenüber der US-amerikanischen Schreibdidaktik einen „Entwicklungsrückstand von mehreren Jahrzehnten“ (Kruse & Jakobs 2003:19).

Noch heute fragen sich Studierende, Schreibende und engagierte Lehrende immer wieder: Warum bloß wird Schreibdenken bei uns, auch im Hochschulkontext, noch immer so wenig beachtet und wertgeschätzt – trotz der vielfältigen Vorteile und der positiven Entwicklungen in der Hochschuldidaktik? Ein Grund dafür ist der folgende: Im deutschsprachigen Raum wird mit einem Begabungsmythos traditionell davon ausgegangen, dass man schreiben entweder kann – oder eben nicht. Der Vorstellung, dass sich Schreiben erlernen lässt wie jede andere Kunst oder jedes andere Handwerk auch, steht hier die Vorstellung entgegen, dass Deutschland ein „Land der Dichter und Denker“ sei, in dem man schreiben eben „einfach kann“ – Schreiben gilt dann als nicht lernbares Talent (Björk et al. 2003:7). Ein weiterer Grund ist die Produktorientierung der in Deutschland vorherrschenden Aufsatzdidaktik, die eine bis ins 18. Jahrhundert zurückreichende Tradition hat (Becker-Mrotzeck 2004:40). Sie ist am Text, also am fertigen Produkt orientiert. Wir sind es gewöhnt, beim Schreiben an zu veröffentlichende Texte zu denken, und schreiben damit produktorientiert; wir wollen von Beginn an den guten Text, der bei anderen ankommt. Dem gegenüber steht die prozessorientierte Schreibdidaktik. Sie etablierte sich in den 1970er Jahren zuerst in den USA. Dort ist ein Verständnis von Schreiben als Prozess, in dem erst nach und nach gute Texte entstehen, längst in die universitäre Ausbildung und bis in die berufliche Praxis hinein etabliert und anerkannt.

Doch inzwischen nimmt im europäischen Raum und in Deutschland die Bedeutung von Schreiben an Hochschulen deutlich zu (z.B. Bräuer 2006:10; Girgensohn 2007:48): Verglichen mit 200 Jahren weitgehender Stagnation verlaufen die jüngsten Entwicklungen der unversitären Schreibdidaktik im deutschsprachigen Raum „geradezu rasant" (Girgensohn 2012:87). Es gibt eine eigenständige Schreibforschung und viele fortschrittliche schreibdidaktische Entwicklungen, und selbst US-amerikanische KollegInnen blicken heute mit Interesse auf die Entwicklungen der europäischen Schreibdidaktik (Bräuer 2006:11). Das 1993 gegründete Schreiblabor der Universität Bielefeld war damals noch Vorreiter in Deutschland und Europa, seit Ende der 1990er Jahre sind vielerorts Schreibzentren an den Hochschulen entstanden, die sich explizit didaktischen Fragen widmen und in der European Writing Centers Association organisiert sind (EWCA 2013). Diese Entwicklung basiert auf einer veränderten Sicht auf die bestehenden Probleme von Studierenden und Lehrenden im Zusammenhang mit wissenschaftlichem Schreiben. Nicht länger hält man durchweg an der Idee fest, Studierende müssten das Schreiben wissenschaftlicher Arbeiten durch Versuch und Irrtum lernen. Auch der oben beschriebene Begabungsmythos – die Vorstellung, Schreiben sei ein Talent, das nicht gelehrt und gelernt werden könne – wird zunehmend hinterfragt.

Eine moderne Schreibdidaktik will zudem mehr als die Vermittlung von Schreibkompetenz bieten: Schreiben bzw. Schreibdenken ist ein optimales Instrument für selbstgesteuertes Lernen. Was in den USA längst an unzähligen Hochschulen umgesetzt ist, bahnt sich auch in der europäischen und deutschen Schreibdidaktik an, wiederum zum Beispiel initiiert vom Schreiblabor Bielefeld: Schreiben als Lernmedium wird disziplinspezifisch in die Fächer integriert anstatt es bei einem schreibdidaktischen

Angebot zu belassen, in dem lediglich Schreibkompetenz gelehrt und gelernt wird.

Angestoßen wurden die neueren Entwicklungen in der Schreibdidaktik durch den Bologna-Prozess, mit dem Ende der 1990er Jahre begonnen wurde, einen einheitlichen europäischen Hochschulraum zu schaffen. Durch ihn gewinnt die Hochschullehre an Bedeutung und mit ihr eine neue Lehr- und Lernkultur, die von der wissensvermittelnden Lehre wegführt (Welbers & Gaus 2005; HRK 2008, 2010). Eine handlungsorientierte Didaktik wird immer wichtiger, bei der Studierende durch eigene Aktivität und selbstgesteuertes Lernen sich weiterentwickeln (Ritter-Mamczek 2011:22; Schneider et al. 2009). DozentInnen nehmen neue Rollen ein: Sie sind nicht länger WissensvermittlerInnen, sondern fungieren als LernberaterInnen, MentorInnen, ModeratorInnen oder FördererInnen für den Lernprozess der Studierenden (Girgensohn 2007:55f.). Moderne Hochschuldidaktik gibt insgesamt der Kompetenzentwicklung von Studierenden eine zentrale Bedeutung, hierzu zählen auch überfachliche und Methodenkompetenzen oder Selbstkompetenzen wie der Einsatz von Lerntechniken und Selbststeuerung. Diese sollen sowohl zum Studium befähigen als auch auf den Beruf vorbereiten. Schreiben ist eine dieser Kompetenzen und zwar eine sehr zentrale: im Studium kommt sie ständig zur Anwendung, doch auch vorbereitend auf alle akademischen Berufsfelder spielt sie eine wichtige Rolle - und das nicht nur für AbsolventInnen, die eine wissenschaftliche Karriere anstreben.

Schreiben muss in die Lehre explizit integriert und nicht mehr wie bisher implizit und nach dem Prinzip von Versuch und Irrtum (Girgensohn 2007:44) vermittelt werden. Das Schreibdenken kann als eine wichtige Strategie für die Vermittlung von wissenschaftlichem Schreiben und von selbstgesteuertem Lernen in der Hochschule genutzt werden. Denn Schreibdenken hilft beim - und motiviert zum - wissenschaftlichen Schreiben und bereichert Seminarsituationen durch neue Beteiligungsformen, die alle Teilnehmenden gleichermaßen mit einbeziehen.

## 2.5 Welche typischen Probleme sich durch Schreibdenken lösen lassen

Im Folgenden führe ich die Schreibprobleme an, die ich seit 1997 bei meinen KlientInnen und SeminarteilnehmerInnen kennengelernt habe und die sich nach meiner Erfahrung besonders gut mithilfe von Schreibdenken angehen lassen.

### Aufschieben von Schreibaufgaben

Schreibaufgaben aufzuschieben ist Problem und zugleich Symptom für eine Vielzahl dahinterliegender Probleme. Die Hemmschwelle, ernsthaft mit dem Schreiben zu beginnen, ist für viele Schreibende enorm hoch, für manche gar unüberwindlich. Warum fällt es vielen Menschen so schwer, die eigenen Gedanken aus dem Kopf auf den Bildschirm oder aufs Papier zu bringen? Die Hintergründe sind mannigfaltig, und lediglich ein Teil davon ist durch Zugewinn von Schreibkompetenz lösbar. Spielen psychologische, soziale und situative Gründe eine Rolle, so können diese nicht allein durch das Ausprobieren neuer Schreibstrategien und -techniken verändert werden, wohl aber kann das Schreibdenken ein Weg sein, diese Hintergründe zu reflektieren.

### Ungünstige Gestaltung des Schreibprozesses

Viele Probleme kreisen um den Schreibprozess: Die einen schreiben zu früh drauflos und scheitern später an der fehlenden Strukturiertheit ihres Textes. Andere „vergessen" über dem gründlichen Planen das Schreiben. Wieder andere überfrachten die Rohtextphase mit Überarbeitungstätigkeiten, bis sie das Schreiben als so mühevoll empfinden, dass sie davor zurückscheuen. Und viele unterschätzen den Überarbeitungsaufwand und planen nicht genug Zeit für die Überarbeitungsphase ein. Sie müssen dann unfertige Texte abgeben oder Fristen überziehen. Eigentlich müsste der eigene Schreibprozess bewusst und ständig reflektiert werden. Das Verständnis von Schreiben als prozesshaftes Geschehen ist jedoch vielen Schreibenden immer noch fremd.

## Hemmungen draufloszuschreiben

Problematisch gestaltet sich zudem auch heute noch das Drauflosschreiben, trotz der zunehmenden Online-Kommunikation. Als ich 1997 mit der Unterstützung wissenschaftlich Schreibender begann, taten sich die Teilnehmenden meiner Seminare oft schwer damit, freien Text „einfach runterzuschreiben". Heute schreiben sie alle fünf bis 50 E-Mails pro Tag, und viele äußern sich mehrmals am Tag online in ihren sozialen Netzwerken. Sie schreiben dabei weitgehend so, wie sie auch sprechen. Die Erstfassung ist meist zugleich die Endfassung, der Überarbeitungsdurchgang fehlt. Der Effekt: Das Drauflosschreiben ist leicht geworden. Doch wie sieht es damit bei wissenschaftlichen Schreibprojekten aus? Sobald Texte und Lesende als anspruchsvoller empfunden werden, setzt die Selbstzensur wieder ein, und die Schreibprobleme aus der Zeit der Offline-Kommunikation scheinen nahezu unverändert weiterzubestehen.

## Copy and Paste

Ein weiteres Problem nimmt im Zuge des immer leichteren Zugangs zu Online-Texten stark zu, das durch Schreibdenken gemildert oder gelöst werden könnte: Viele angehende WissenschaftlerInnen sehen heute den Ausweg aus ihren Schreibproblemen in Copy-and-Paste-Strategien. Hausarbeiten in der Schule, Haus- und Abschlussarbeiten im Studium, selbst Dissertationen werden aus fremden Quellen zusammenkopiert. Schon SchülerInnen gewöhnen sich daran, Texte oder Textteile im Internet zu kopieren und zum Teil sehr geschickt umzuformulieren, sodass die Quelle nicht mehr erkennbar ist. So bleibt einer der wichtigsten Faktoren von Schreibkompetenz auf der Strecke: das Formulieren eigener Gedanken.

## Unstrukturiertes Schreiben und Denken

Mit Copy and Paste geht ein weiteres Problem vieler Schreibender einher: das unstrukturierte Denken und Schreiben auf der Ebene der Mikrostruktur. Während das Inhaltsverzeichnis noch schlüssig und strukturiert aufgebaut wird, strukturieren viele nicht mehr im einzelnen Textabschnitt - weder vorab noch im Nachhinein. Resultat ist häufig ein verwirrender Aufbau von

Gedankengängen, der für die Leser nicht nachvollziehbar ist. Warum nehmen die Strukturierungsprobleme zu? Ich verstehe das Strukturieren als Fähigkeit, komplex vorauszudenken. Wir können davon ausgehen, dass Surfen im Internet zwar die visuellen Aufnahmefähigkeiten trainiert, komplexes und tiefgehendes Denken dagegen auf der Strecke bleibt (Carr 2010). So scheint es naheliegend, dass jemand, der sich an oberflächliches Denken und schnelles Aufnehmen visueller Informationseinheiten gewöhnt hat, komplexe wissenschaftliche Inhalte nicht mehr souverän bewältigen und in strukturierten Text umsetzen kann.

### Fehlende Schreibroutine

In den USA werden in allen, und insbesondere in schreibintensiven Lehrveranstaltungen, ständig Texte geschrieben, seien es Essays oder andere, an die Lehr-Lernziele angepasste Schreibaufgaben. Dadurch wird Schreiben selbstverständlich. Diese Routine wäre für uns ebenso hilfreich, denn Studierende wie Lehrende schreiben zu wenig und zu selten. Dabei ist Schreiben Übungssache wie das Sprechen: Wer nur einmal im Monat redet, wird stocken und stottern – jedenfalls nicht flüssig und souverän formulieren können. So wird Schreiben eine „große Sache" und ist nicht mehr das, was es eigentlich sein sollte: eine Reihe von Zwischenschritten und Teilbewegungen auf dem Weg zum fertigen Textprodukt.

### Fehlender Austausch über eigene Texte

Des Weiteren ist der fehlende Austausch unter Studierenden und Lehrenden über wissenschaftliche Texte und deren Vorstufen ein hochschultypisches Problem: Schreiben geschieht einsam im stillen Kämmerlein und weitgehend ohne (Peer-)Feedback, die wissenschaftlichen Arbeiten entstehen produkt-, nicht prozessorientiert und sind ausgerichtet auf die Bewertung und Benotung durch eine einzige Prüfungsperson. Dass wissenschaftliche Texte eigentlich den Sinn haben, sich auszutauschen und den wissenschaftlichen Diskurs voranzubringen, tritt im Bewusstsein der Lernenden und Lehrenden in den Hintergrund (z.B. Frank, Haake & Lahm 2007). Der wissenschaftliche Text ist dann lediglich ein Mittel, um Scheine zu sammeln und den Abschluss zu erreichen. Schreiben wird als Pflicht und notwendiges Übel erlebt, nicht als bereichernd und notwendig für komplexes und innovatives Denken. Da auch die Lehrenden in dieser Weise in Bezug auf das Schreiben sozialisiert sind, fehlen in der Regel Vorbilder für prozessorientiertes und freudvolles Schreiben: DozentInnen schreiben ebenso für sich allein und produktorientiert wie Studierende. Die entstehenden Texte sind dann oftmals wenig inspirierend und die Lehrenden dementsprechend gering motiviert, die Texte der Studierenden mit Neugier und Interesse zu lesen. Stattdessen orientieren sie sich umso mehr an formalen Kriterien. Ein Teufelskreis kommt in Gang, der um den freudlos erstellten wissenschaftlichen Text kreist. Doch auch hier gibt es Hoffnung: Neuere schreibdidaktische Ansätze sehen insbesondere das Online-Textfeedback als Möglichkeit, um sich auch auf Peer-Ebene kontinuierliches Feedback im gesamten Schreibprozess zu geben.

## Übergewicht von Gruppenaktivitäten in Lehrveranstaltungen

Ein weiteres Problem, das in erster Linie die Lehr-Lernsituation, in zweiter Linie erst das Schreiben tangiert, ist das in Lehrveranstaltungen herrschende Übergewicht von Gruppenarbeit gegenüber Einzelarbeit. Selbstlernaktivitäten zu fördern ist, wie oben beschrieben, eine ausgesprochen fortschrittliche Entwicklung, die den Ergebnissen der Lernforschung Rechnung trägt und Lernenden hilft, neues Wissen und frisch gewonnene Erkenntnisse zu integrieren. Bisher stehen für die Umsetzung in einer Lehrveranstaltung vor allem die Gruppenaktivitäten im Vordergrund der Aufmerksamkeit. Nicht immer jedoch erbringen diese Lernaktivitäten die besseren Ergebnisse, sind sie doch von „sozialer Faulenzerei“, „Produktionsblockaden“ und „Bewertungsangst“ überschattet (Cain 2011:243). Diese Gefahr übersehen viele Lehrende im Zuge der in den modernen didaktischen Ansätzen immer mehr in Mode kommenden gruppenorientierten Lernaktivitäten. Das Schreibdenken ist ein wichtiger Ansatz, um dem Übergewicht der Gruppenaktivitäten ein Element der Einzelaktivität entgegenzusetzen – mehr zu den Hintergründen und Argumenten für diese Auffassung lesen Sie im fünften Kapitel.

## 2.6 Wie Schreibdenken in den USA gelehrt wird

Heute schauen wir nicht mehr wie früher nur einseitig auf die Entwicklungen der angloamerikanischen Schreibdidaktik, um sie zu adaptieren; inzwischen gibt es im deutschsprachigen Raum eine eigene lebendige Tradition zur Entwicklung neuer Ideen und Projekte, um schreibend zu lernen und nicht nur schreibend Wissen zu präsentieren (Bräuer 2000:10). Und dennoch: Der Blick über den Tellerrand lohnt, um sich bestärken zu lassen in den eigenen Bemühungen, Schreiben in die Lehre zu integrieren. Dazu soll ein Interview mit Swantje Lahm beitragen. Sie ist Mitarbeiterin des Schreiblabors der Universität Bielefeld und hat seit 2008 mehrmals das John S. Knight Institute for Writing in the Disciplines der Cornell University, USA, besucht, um die dortige Lehre des Schreibens kennenzulernen und Anstöße für die Lehre in Deutschland mitzunehmen (Lahm 2010).

*Swantje, was hat dich zu deinen Reisen bewegt und wie war dein erster Eindruck beim Besuch des Schreibzentrums an der Cornell University?*

Ich wollte vor allem wissen, wie Angebote zur Integration des Schreibens in die Lehre gestaltet und angenommen werden in einem Land, in dem es - anders als in Deutschland - eine lange Tradition von Schreibvermittlung an Universitäten gibt. Das John S. Knight Institute passte genau zu meiner Fragestellung, denn es sorgt mit einer ausdifferenzierten Infrastruktur, zum Beispiel Programmen wie „First Year Writing", aber auch „Writing in the Majors" dafür, dass Lehrende aller Fächer das Schreiben als Ressource für ihre Lehre nutzen können. Ziel des Institutes ist es, schreibintensive Lehre zu fördern, und zwar über alle Fächergrenzen hinweg. Das Knight Institute ging damit schon früh über die in den USA üblichen *Composition*-Kurse hinaus, in denen Studierende generalisiert ‚akademisches Schreiben' üben, was sie allerdings - wie man mittlerweise weiß - nicht wirklich gut auf das Schreiben in ihrem Studienfach vorbereitet. Die Cornell University arbeitet seit vielen Jahren erfolgreich daran, alle Fächer für die Möglichkeiten des Schreibens in der Lehre zu sensibilisieren.

Ich habe Stunden damit verbracht, im Archiv des Knight Institute Regalwände mit Konzepten für schreibintensive Lehre zu sichten. Es war wie das Eintreten in eine Schatzkammer der Möglichkeiten, weil ich sehen konnte, wie insbesondere auch naturwissenschaftliche Fächer wie Neurobiologie oder Astronomie von schreibintensiver Lehre profitieren.

*Mit wem hast du dort zusammengearbeitet?*

Mein Ansprechpartner war Keith Hjortshoj, Director of Writing in the Majors. Bei ihm habe ich in einer Veranstaltung hospitiert, die DoktorandInnen zu Teaching Assistants für schreibintensive Lehre ausbildet. Die ProfessorInnen von Grundlagenveranstaltungen - mit Teilnehmendenzahlen von oft 300 Studierenden oder mehr - entwickeln in Kooperation mit dem Knight Institute Lehrkonzepte. Dafür sind schon in der Konzeptionsphase die Teaching Assistants beteiligt, und sie spielen in der Umsetzung eine wichtige Rolle. Sie sind Vermittler zwischen der Welt der Studierenden und der fachlichen Community, die der oder die ProfessorIn repräsentiert. Deshalb wissen sie besonders gut, was gesagt und gekonnt werden muss, um ein Fach mithilfe des Schreibens besser und tiefer zu durchdringen.

*Was hat der Vergleich mit deinen Erfahrungen in Deutschland ergeben?*

Die Kultur zur Integration des Schreibens in die Fächer ist weiter entwickelt als bei uns. Manches ist einfach nicht erklärungsbedürftig. Es gibt einen Konsens darüber, dass Schreiben gelehrt werden muss und Schreibvermittlung an der Universität stattfindet. Insbesondere in Cornell mit seiner langen Tradition schreibintensiver Lehre ist für viele klar, dass Schreiben kein zusätzlicher Fremdkörper in den Veranstaltungen ist. Es ist nichts, das - auch noch und zusätzlich - gelehrt werden muss, sondern Schreiben ist eine akademische Praxis, die das fachliche Lernen der Studierenden stützt und Bestandteil der Lehr- und Lernprozesse ist. Dazu gehört auch, dass Studierende in den Seminarsitzungen selbst schreiben. Für viele Lehrende in Deutschland ist die Vorstellung, Studierende im Seminar schreiben zu lassen, noch fremd, weil sie das Schreiben selbst nur als einsame Tätigkeit kennengelernt haben.

Für mich war zudem sehr interessant zu sehen, dass es Rückkopplungen zwischen guter Forschung und guter Lehre gibt. Schlechte Lehre ödet herausragende Forschende an. Sie wollen auch mit den Studierenden das erleben, was sie an ihrem Fach fasziniert. Die besten Konzepte für schreibintensive Lehre kommen von wirklich herausragenden ForscherInnen, z.B. dem Nobelpreisträger für Chemie, Roald Hoffmann, oder dem Physiker David Mermin.

*Welche Haltungen und Ansätze können wir uns abgucken?*

Das Schreiben ist immer Mittel zum Zweck, die fachliche Lehre steht ganz und gar im Vordergrund. Deshalb gibt es auch keine Auflagen, keine Regelungen und keine Festlegungen dazu, wie Lehrende das Schreiben in ihren Veranstaltungen nutzen sollen. Das Kriterium ist einzig: Trägt das Schreiben zum Lernen der Studierenden bei? Man fragt nach den Problemen der Studierenden: Wo fehlt ihnen Verständnis für einen Sachverhalt? Wo haben sie beim Lernen Schwierigkeiten? Dann wird gemeinsam überlegt, welche Schreibaufgaben und -aktivitäten dabei helfen könnten, diese Probleme zu lösen. Es werden also keine Standard-Schreibübungen gemacht. Dieses Nachdenken über das Schreiben und wie man es in die Lehre integriert, ist inspirierend. Es ist faszinierend, wie viele Probleme der fachlichen Lehre man über das Schreiben lösen kann. Wenn dann Schreibdenken in den verschiedensten Formen eingesetzt wird, um diese Probleme zu lösen, schreiben mit einem Mal 300 Studierende. Und zwar Studierende, die vorher vielleicht nur still zuhörten, was nicht per se schlecht ist, aber dem Lehrenden keinen Einblick in ihren Lernprozess erlaubt. Der Vorteil einer ja oftmals unaufwändigen Schreibaktivität ist, dass 300 Leute gleichzeitig aktiv werden. Das Feedback auf die Texte muss dann nicht immer elaboriert und individuell sein. Es reicht auch, wenn der Lehrende in der nächsten Sitzung ein oder zwei Punkte herausgreift.

*Welche Bedingungen benötigen wir, um die dortige Haltung zu schreibintensiver Lehre zu adaptieren?*

Es ist wichtig deutlich zu machen, dass die Lehre durch die Integration des Schreibens nicht zusätzlich belastet, sondern entlastet wird. Es entsteht ein für Lehrende und Studierende gleichermaßen anregender Lernraum. Viele assoziieren das gesamte akademische Leben mit harter Arbeit und verstellen sich so den Blick auf Entlastungsmöglichkeiten. Die Integration des Schreibens in die Lehre bietet so viele wunderbare Möglichkeiten, Lernprozesse zu intensivieren, ohne den Workload noch weiter heraufzusetzen. Ohne Zweifel sind in Cornell viele Lehrende privilegiert, weil das Knight Institute den Prozess der Umstrukturierung zur schreibintensiven Lehre durch die Finanzierung von Teaching-Assistant-Stellen unterstützt. Aber zum einen gibt es auch in Deutschland zunehmend Schreibzentren wie das unsere, die auf dem Weg zur schreibintensiven Lehre begleiten. Und zum anderen muss es auch nicht notwendig gleich um ein völlig neues Seminarkonzept gehen. Wenn es hier keine Teaching Assistants gibt, die die Texte der Studierenden lesen, dann lesen die Studierenden eben ihre Texte in Peer-Groups. Auch das löst die Standard-Frontalsituation - vorne der Lehrende, dort die Studierenden en bloc - auf, und es entsteht eine gemeinsamer Lernraum durch das Schreiben.

*Was würdest du anders machen, als du es in den USA kennengelernt hast?*

Man muss beim Blick auf die USA differenzieren: Nicht alles ist toll, und es ist ganz wichtig, die dortigen Praktiken nicht fraglos zu imitieren. So hat die Tradition des Essay-Schreibens dort ohne Frage viele Vorteile: Studierende lernen einen Standpunkt zu beziehen, setzen sich mit gesellschaftlichen Fragen auseinander. Dafür bereitet der deutsche Fokus auf Hausarbeiten besser auf das wissenschaftliche Arbeiten vor, auch für eigene kleine Forschungsprojekte, wie sie in Bachelor- und Masterarbeiten gefordert sind. Es geht also nicht darum, bestimmte Textsorten oder Anleitungsmodi einfach zu übernehmen. Man muss immer schauen, was für *eine* konkrete Veranstaltung in *einem* bestimmten Fach mit *diesem* Lehrenden und *jenen* Studierenden sinnvoll ist.

*Wo können sich Lehrende Anregungen holen?*

Die Internetseite der University of Wisconsin-Madison bietet zum Beispiel gute Informationen und Tipps für Schreibaufgaben und Lehrveranstaltungskonzeptionen, die Schreiben integrieren: http://vanhise.lss.wisc.edu/wac/. Oder auch das Buch von Katherine K. Gottschalk und Keith Hortshoj (2004): The Elements of Teaching Writing.

*Ein motivierter, aber in Sachen Schreibdidaktik unerfahrener Dozent fragt dich um Rat, weil er ein Seminar für Studierende leiten wird, in dem er Schreiben als Lehrmethode einsetzen will. Was sagst du zu ihm?*

Ich *frage* ihn: „Was läuft nicht gut bei Ihren Studierenden? Wie sind Ihre eigenen Schreiberfahrungen? Welche Textsorten und Schreibaktivitäten gibt es in Ihrem Fach? Können Sie daraus Schreib-Lern-Aktivitäten für die Studierenden ableiten?“

# 3. Schreibdenken im Prozess – Schreibprozess und Schreibtypen

Nachdem Swantje Lahm uns mit ihren Antworten einen Eindruck einer anderen schreibdidaktischen Praxis vermittelt hat, können Sie in diesem Kapitel herausfinden, wie Sie im Schreibprozess vorgehen und wann Sie dabei das Schreibdenken einsetzen können, an welchen Stellen im Prozess es bei Ihnen bevorzugt hakt und wie alternative Schreibhandlungen Sie zu mehr Effektivität und Schreibfreude führen können. Denn das Nachdenken über eigenes Schreiben gehört dazu, um die Schreibkompetenz zu verbessern. Sie finden heraus, welcher Schreibtyp Sie sind, zumindest in vier groben Kategorien. Schließlich erfahren Sie, wie Sie sich günstige Bedingungen für Ihr Schreiben schaffen. So können Sie Ihr Schreibhandeln in Zukunft sehr viel produktiver gestalten - und diese Erfahrungen an Ihre Studierenden weitervermitteln.

## 3.1 Der Schreibprozess

Der im Folgenden vorgestellte Ablauf des Schreibprozesses ist prototypisch. Bedenken Sie bei allen Informationen zum Schreibprozess immer mit, dass der Prozess individuell sehr unterschiedlich verläuft. Ich verstehe ihn als Denkanstoß, an dem entlang Sie Ihren eigenen Schreibprozess besser reflektieren, über Alternativen zu Ihrem bisherigen Vorgehen nachdenken und neue Strategien in den Blick nehmen können - für sich selbst ebenso wie für Studierende, die Sie in ihrem wissenschaftlichen Schreiben unterstützen.

Das vorgestellte Modell hat als Basis das bis heute für die kognitive Schreibforschung grundlegende „klassische" Schreibprozessmodell von Hayes & Flower (1980) und das modifizierte Modell von Hayes (1996). John Hayes und Linda Flower haben den Schreibprozess zum ersten Mal in seine drei wesentlichen

Teilprozesse Planen bzw. Vorbereiten (mit den Teilprozessen des Generierens und Organisierens), Formulieren und inhaltliches und formales Revidieren aufgegliedert. Zudem haben sie die Schreibaufgabe und die Schreibumgebung, die Motivation, die kognitiven Prozesse sowie die Gedächtnis- und Überwachungsleistungen des Schreibers berücksichtigt. Die Modelle stehen im Kontext der Entwicklung einer psychologisch orientierten Schreibforschung und Schreibdidaktik seit Mitte der 1970er Jahre in den USA und in England, die nicht mehr am fertigen Text, an bestimmten Textsorten und deren Regeln orientiert ist, sondern den Schreibprozess und das Schreibhandeln untersucht und theoretisch untermauert. Auch SchreibdidaktikerInnen in Deutschland (z.B. Kruse 2005; Klein 2006; Frank, Haake & Lahm 2007) verwenden das kognitive Modell des Schreibens als Grundlage und stellen Modelle vor, die zwischen drei und fünf Phasen variieren. Im Folgenden stelle ich den Schreibprozess mit den Schwerpunkten vor, die bei (angehenden) WissenschaftlerInnen, aber auch etwa bei SachbuchautorInnen ins Gewicht fallen - wie bei allen anderen, die lange Schreibprojekte bewältigen müssen. Dafür erachte ich zwei Momente im Schreibprozess für so wichtig, dass ich sie als eigene Schreibphasen hervorheben möchte: die Phase des Einstimmens und die Phase des Reflektierens nach der Rohtextphase, bevor überarbeitet wird. In beiden Phasen wird der emotionalen Dimension des Schreibens Rechnung getragen. Kruse (2005:58–66) betont die Bedeutung von Emotionen im Schreibprozess neben der kognitiven Bewältigung: Selbst wenn der öffentliche wissenschaftliche Text frei von Emotionen ist, so ist es der Produktionsprozess mitnichten, denn dort entwickeln Schreibende eine emotionale Beziehung zu Ideen und Methoden, reagieren emotional auf das Schreiben selbst, die stilistische Qualität und die Arbeitsbedingungen, die biografischen Bedingungen und die Lesenden.

**Abb. 1:** Der Schreibprozess

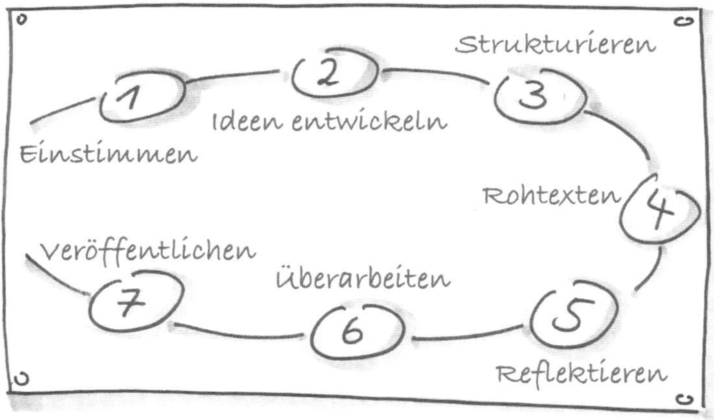


## Phase 1: Einstimmen

Alle ambitionierten SportlerInnen wissen heute, wie wichtig Mentaltraining für ihre Erfolge ist. Sie nehmen in der Vorstellung immer wieder vorweg, wie sie das Tor schießen werden oder wie sie vor allen anderen über die Ziellinie laufen. Warum sollte es beim Schreiben anders sein? Die Phase des Einstimmens ist auch für Schreibende bedeutsam – sowohl für jede Schreibeinheit als auch für das gesamte Schreibprojekt. Wenn Sie sich vorab in eine gute Schreibstimmung bringen und sich auf freudvolles, gelingendes und sinnvolles Schreiben einstimmen, werden Sie anschließend konzentrierter und entlang Ihres Roten Fadens schreiben können. Ich empfehle deshalb immer, sich vor Schreibbeginn einmal kurz auf das eigene Schreibprojekt zu fokussieren – zum Beispiel eine halbe Minute lang mit geschlossenen Augen. So können leichter innere Bilder zum eigenen Schreibthema und Antworten auf folgende Fragen entstehen: „Was ist das Wichtigste, worüber ich schreiben will?“, „Wie profitieren meine LeserInnen am besten?“, „Was will ich mit meinem Schreibprojekt bewirken, wenn es fertiggestellt und publiziert ist?“ oder auch „Wie kann ich etwas zum wissenschaftlichen Diskurs beitragen?“ Diesen Fragen können Sie schreibdenkend nachgehen. Schon beim Einstimmen hat das Schreibdenken also seinen Platz im Schreibprozess.

Auch mit einer realistischen Zeitplanung tragen Sie zu einem effektiven Schreibprozess bei. Viele Schreibende haben eine eher vage Vorstellung davon, wie viel Zeit Sie für einen Abschnitt, eine Seite oder ein Kapitel benötigen – und sind nach einer Schreibeinheit oftmals frustriert, wenn sie weniger erreicht haben als gewünscht. Mit einer genauen Planung der Schreibstrecke (Scheuermann 2011, 2013a) können Schreibende sich ihr Schreibprojekt in realistische Einheiten einteilen und erreichen dann ihr Schreibziel oftmals leichter.

Viele Schreibprofis setzen sich schon beim Einstimmen in der Vorstellung einen wohlwollenden Leser auf die Tischkante. Andere wechseln den Schreibort und vermeiden bewusst den normalen Büroschreibtisch, der meist mit Gefühlen von Stress, Überforderung und Multitasking belastet ist: Sie stellen ihr Notebook auf den Besuchertisch und schreiben mit Blick aus dem Fenster. Sie arbeiten in der Bibliothek. Sie schreiben zuhause, wo das Telefon still ist, die Internetverbindung manuell eingeschaltet werden muss und niemand an die Tür klopft.

**Tipps fürs Einstimmen**

Stimmen Sie sich vor dem Schreiben auf einen erfolgreichen Schaffensprozess, auf Ihre Textziele und auf wohlwollende Lesende ein.

Finden Sie einen passenden Schreibort.

Planen Sie Ihre Schreibstrecke: Berechnen Sie auf der Grundlage der Schreibzeit, die Sie für die Rohtextphase benötigen, die anderen Schreibphasen und schließlich die Zeit für das gesamte Projekt. Auf dieser Grundlage können Sie Termine für das Schreiben im Kalender planen. Eine Vorlage zum Errechnen der Schreibstrecke finden Sie zum Download bei Scheuermann (2013c).

Schalten Sie Ihren Computer in den Offlinemodus, um keine E-Mails zu empfangen und nicht in Versuchung zu geraten, schnell mal im Internet zu recherchieren.

Nutzen Sie störungsarme Bürozeiten, etwa die frühen Morgenstunden oder die Abendzeiten.

## Phase 2: Ideen entwickeln

Die Phase des Ideen-Entwickelns ist eine kreative und assoziative Schreibphase. Sie sammeln erst einmal – auch und gerade die weniger naheliegenden Gedanken. Sie gehen in die Breite, sind offen für alles, was kommt. Bewerten, Aussieben und Verdichten: Das tun Sie später. Sie nutzen dafür kreative Methoden und dokumentieren Ihre Einfälle. Genau das können Sie mit vielen Schreibdenktechniken tun. Somit passt Schreibdenken hervorragend in die Phase des Ideen-Entwickelns. Und gerade für komplexe Schreibprojekte wie eine wissenschaftliche Abschlussarbeit, die Dissertation, die Habilitation oder ein Fach- bzw. Sachbuchprojekt darf diese Phase sehr ausführlich sein. Zudem begleitet sie den gesamten Schreibprozess.

Doch gerade Studierende trauen sich häufig noch keine eigenen Gedanken zu einem wissenschaftlichen Thema zu. Umso wichtiger ist es, dass sie ihre eigenen Ideen wichtig nehmen, *bevor* sie mit dem Lesen beginnen. Sobald fremde Texte ins Spiel kommen, laufen viele Lesende Gefahr, sich an den fremden Gedanken zu orientieren und das Eigene zu vergessen. Aber nicht nur Studierenden geht es so: Ich kenne viele erfahrene WissenschaftlerInnen, die beim Lesen in Bewunderung verfallen und nicht mehr zurückfinden zu einer Wertschätzung ihrer eigenen Ideen. Umso schwerer wird es dann, Text zu formulieren, der neben den fremden Textgedanken auch die eigenen wiedergibt.

Auch die Besonderheiten der Ideenfindung sind zu beachten: Duschen, Joggen, Kind-Abholen, Einkaufen, Aufwachen – viele gute Ideen zu einem Thema kommen gerade dann, wenn jemand nicht vorrangig damit beschäftigt ist.

**Tipps fürs Ideen-Entwickeln**

Schreibdenken Sie so viel wie möglich.

Entwickeln und dokumentieren Sie erste Ideen, *bevor* Sie recherchieren und fremde Texte lesen.

Ein Schwerpunkt des Ideen-Entwickelns liegt am Beginn des Schreibprozesses. Doch begleiten Sie den gesamten Schreibprozess mit der Entwicklung von Ideen.

Organisieren Sie sich Möglichkeiten, um Ihre Ideen festzuhalten, sobald sie auftauchen. Tragen Sie zum Beispiel immer ein Notizbuch oder ein Gerät mit Diktierfunktion bei sich, um Sprachnotizen aufzunehmen, die Sie später abschreiben oder mit einer Diktiersoftware verschriftlichen können.

## Phase 3: Strukturieren

Die Strukturierung des Textes ist von großer Bedeutung für den Roten Faden und das Zurechtfinden im eigenen Text, ebenso ist sie eines der beiden wichtigsten von vier Kriterien für gute Textverständlichkeit (Langer, Schulz von Thun & Tausch 2006). Sie findet allerdings nicht unbedingt in Phase 3 statt: Bei vielen Schreibenden folgt sie erst im Laufe oder gegen Ende des Rohtextens. Wann sie erfolgt, ist eine Frage des Schreibtyps. Dazu erfahren Sie mehr weiter unten bei den Schreibtypen „Planer" und „Drauflosschreiber".

Sie planen in dieser Phase zum einen die Grobstruktur des Textes. Als Gliederung oder Inhaltsverzeichnis ist sie für Lehrende und Studierende ein wichtiges Werkzeug, anhand dessen die zu schreibende Arbeit inhaltlich ausgerichtet und eingegrenzt werden kann. Lehrende können mit der Gliederung die Schreibprojekte von Studierenden zeitsparend überblicken, ohne gleich ausführlich lesen zu müssen. Zum anderen planen Sie beim Strukturieren die Feinstruktur des einzelnen Textabschnittes. Hier ist Sorgfalt geboten: Immer wieder lese ich Texte, auch von geübten Schreibenden, die eine schlüssig aufgebaute Grobstruktur zeigen, in der Feinstruktur jedoch verwirrend und chaotisch wirken: Da folgt auf eine These kein Argument, da wird ein Schluss gezogen, dem keine Argumentation vorausging, da folgt auf ein „Erstens" ein „Drittens" und ich suche vergeblich nach dem zweiten Punkt der Aufzählung. Mit einer kurzen Vorausplanung der Strukturelemente des bevorstehenden Textabschnittes können Sie sich darin üben, strukturierter vorauszudenken.

**Tipps fürs Strukturieren**

Wenn Sie visuell orientiert sind und gerne kreativ arbeiten: Planen Sie Ihre Gliederung mithilfe von Gedankenlandkarten, die zu kreativem Denken einladen (siehe Kapitel 4.3).

Finden Sie weiter unten bei den Schreibtypen heraus, ob Ihnen das Planen oder das Drauflosschreiben entspricht.

Falls Sie gerne vorab planen: Strukturieren Sie nicht nur grob, sondern auch jeden Textabschnitt und schreiben Sie dann erst.

Falls Sie erst einmal drauflosschreiben möchten: Entwickeln Sie die Struktur nach und nach, indem Sie Ihren Rohtext nachträglich strukturieren.

## Phase 4: Rohtexten

Das Rohtexten ist die zentrale Phase im Schreibprozess. Hier manifestieren sich die meisten Schreibprobleme. Einstimmen, kreativ Ideen entwickeln, Planen: Das gelingt den meisten Schreibenden noch irgendwie. Vor dem Rohtexten aber scheuen unzählige Schreibende zurück. Die Hürde ist hoch - oft zu hoch, um überhaupt ins Rohtexten einzusteigen. Hier entsteht zum ersten Mal ausformulierter Text, hier treten die Lesenden in der Vorstellung auf den Plan und hier versammeln sich Zweifel und Ängste, die die eigene Schreibkompetenz betreffen. Der wichtigste Fehler in der Rohtextphase: Schreibende überfrachten den Schreibprozess, indem sie parallel zum Rohtexten auch schon den einzelnen Satz überarbeiten. Das sieht dann häufig so aus: Jemand schreibt ein paar Wörter, hält inne, weil ihm ein Wort fehlt, sucht eine Weile nach dem Wort, findet es schließlich und schreibt es nieder. Jetzt geht er noch einmal zurück zum Satzanfang und liest die bisher geschriebenen Worte, dann schreibt er eine halbe Zeile weiter, muss wieder innehalten, weil ihm eine Information fehlt, die er nur noch vage im Kopf hat. Vielleicht steht er jetzt auf, sucht nach dem Artikel, den er vor ein paar Tagen ausgedruckt und gelesen hat, kehrt schließlich zurück zu seinem Schreibplatz und kann die Informationen in seinen Text einfügen. Nun liest er den Beginn des Satzes noch einmal - und so weiter. Schreiben auf diese Art geht nur stockend voran, ist mühsam und bereitet mehr Anstrengung als Freude. Schreiben im Fluss ist etwas anderes. Die wichtigsten Tipps für die Phase des Rohtextens beziehen sich denn auch auf das Schreiben im Fluss.

**Tipps fürs Rohtexten**

Bleiben Sie im Denk- und Schreibfluss.

Schreiben Sie eine erste Textfassung zügig voran und versuchen Sie dabei, jegliche Überarbeitungstätigkeiten auf später zu verschieben.

Wenn Ihnen ein Wort fehlt, eine Formulierung nicht zusagt oder Sie eine Information nachschlagen wollen, so arbeiten Sie mit einer Partitur auf verschiedenen Ebenen wie ein Komponist: Fügen Sie Zeichen – Sternchen, Fragezeichen, Bindestriche – ein, mit denen Sie kennzeichnen, dass hier noch inhaltlich nachgearbeitet werden muss oder dass ein Wort fehlt oder kommentieren Sie im Text, dass noch ein Quellenbeleg fehlt.

Bereiten Sie am Schluss einer Schreibeinheit bereits die nächste Einheit vor, etwa für den nächsten Tag: Notieren Sie ein paar Stichwörter für den nächsten Abschnitt, schreiben Sie den ersten Satz. So erleichtern Sie sich den Einstieg und erhöhen die Schreibmotivation.

Nutzen Sie kurze Schreibdenkübungen, um sich fürs Rohtexten zu lockern und „warmzuschreiben".

## Phase 5: Reflektieren

Diese Phase beansprucht möglicherweise keine zusätzliche Zeit, insbesondere bei großen Schreibprojekten. In der Phase des Reflektierens tun Sie nämlich nichts anderes, als den gerade geschriebenen Textteil ruhen und reifen zu lassen, wie einen Komposthaufen. Zum Beispiel über Nacht, besser jedoch für ein paar Tage oder länger. In der Zwischenzeit klärt sich Ihre Perspektive, Ihr Denken entwickelt sich weiter. Anschließend werden Sie Ihren Text anders lesen als sofort nach dem Schreiben: Sie sehen Textstärken und -schwächen auf den ersten Blick: Unverständlichkeiten, Kürzungspotenziale und Kargheiten, und Sie können nacharbeiten. Aus dem frischen Grünzeug ist wertvolle Komposterde geworden.

Doch auch das frühe Feedback gehört in die Reflexionsphase. Ihre Studierenden werden Ihnen vermutlich die Erstfassung ihrer Arbeit nicht geben, und das ist auch gut so. Wenn Sie einer Studierenden aber raten können, schon den Rohtext - in etwas geglätteter Form - an einen Kommilitonen zu geben, so profitiert sie davon: Sie gewöhnt sich daran, eigenen Text zu veröffentlichen, eine Reaktion zu erhalten und dadurch zum weiteren Schreiben ermutigt zu werden. Sie können das natürlich ebenso mit einem Kollegen oder einer Freundin tun. Der Vorteil des frühen Feedbacks: Sie sparen Zeit, wenn Sie die Rückmeldung erhalten, dass Sie auf einen Abweg geraten sind, und können in der Folge schon früh gegensteuern. Zudem motiviert die frühe Leserreaktion in der Regel zum Weiterarbeiten.

**Tipps fürs Reflektieren**

Lassen Sie Ihren Text ruhen und in Gedanken reifen. Eine Nacht sollte mindestens zwischen Rohtexten und Überarbeiten liegen.

Suchen Sie sich für ein frühes Feedback eine vertraute Person, von der Sie ein wohlwollendes und konstruktives Feedback erwarten können.

Sagen Sie für ein frühes Feedback immer dazu, dass es sich um eine Erstfassung handelt und dass es Ihnen nur um ein Feedback zu Inhalt und Struktur geht – Feedback zu Wortwahl, Satzbau, Rechtschreibung, Grammatik und Zeichensetzung ist erst nach der Überarbeitungsphase sinnvoll. So muss der oder die FeedbackleserIn nicht denken, er oder sie müsse Sätze umformulieren.

## Phase 6: Überarbeiten

Für das Überarbeiten sollten Schreibende nach meiner Erfahrung 40 bis 50 Prozent der gesamten Schreibzeit in mehreren Überarbeitungsdurchgängen einplanen. In der schreibdidaktischen Literatur finden sich dazu sehr unterschiedliche Angaben, die meist weniger Zeit, rund ein Viertel, für das Überarbeiten vorschlagen (z.B. Kruse 2005:248). Ich bin inzwischen bei dem hohen Wert von ca. 50 Prozent angekommen, weil ich ständig erlebe, dass Schreibende sich zu lange mit den ersten Schreibphasen aufhalten und später den Fertigstellungstermin für ein Schreibprojekt verschieben müssen. Viele planen eher nur zehn Prozent für die Überarbeitungsphase ein - der Text wirkt dementsprechend unfertig, weil mehrmalige Überarbeitungsschritte nicht stattfinden konnten. Doch gerade erfahrene Schreibende überarbeiten ihre Texte mehrmals. Genug Zeit fürs Überarbeiten zu haben, wirkt sich auch positiv auf die Rohtextphase aus: Erst wenn Sie für die Phase des Überarbeitens genug Zeit einplanen, können Sie beim Rohtexten frei drauflosschreiben. Erst dann können Sie sich sagen: „Diese Textmängel verschiebe ich aufs Überarbeiten und weiß, dass ich dafür noch genug Zeit habe."

**Tipps fürs Überarbeiten**

Reservieren Sie ungefähr die Hälfte Ihrer Schreibzeit fürs Überarbeiten.

Überarbeiten Sie mindestens zweischrittig oder sogar vierschrittig, wie in der Abbildung dargestellt: zuerst in Hinblick auf Gesamteindruck, Inhalt und Struktur. Danach folgt ein weiterer Durchgang mit Blick auf Stil und schließlich Rechtschreibung und Zeichensetzung.

Drucken Sie Ihren Text für den Gesamteindruck aus und lesen Sie ihn auf Papier.

Wechseln Sie für das Lesen den Ort. Denn mit dem Ortswechsel verändert sich auch Ihr Denken, und Sie können eine gegenüber dem Schreiben veränderte Perspektive einnehmen. Beides hilft Ihnen, sich Ihren eigenen Text fremd werden zu lassen und dadurch mehr aus der Leserperspektive zu lesen.

**Abb. 2:** Vier-Schritt-Überarbeiten

## Phase 7: Veröffentlichen

Schreiben ist eine der wichtigsten (überfachlichen) Kompetenzen für WissenschaftlerInnen und Qualität wie Quantität von Publikationen fördern wesentlich die wissenschaftliche Karriere. Doch vor dem Veröffentlichen treten häufig Ängste auf den Plan, die möglicherweise schon die gesamte Schreibphase begleitet haben: die Angst vor der Leserreaktion, die Angst vor negativer Bewertung sowie die Sorge, dass im Text etwas fehlt, etwas falsch ist oder die Lesenden etwas falsch verstehen könnten. Diese Ängste sind normal und zum Teil zurückzuführen auf die zerdehnte Sprechsituation (Ehlich 1984:9-25): Bei der schriftlichen Kommunikation sind die Adressierten nicht zeitgleich anwesend und somit sind in der Kommunikationssituation AutorIn und LeserIn zeitlich und räumlich getrennt voneinander: Die Leserin bzw. der Leser liest den Text erst sehr viel später und kann somit auch erst später darauf reagieren. Für viele stellt das ein großes Problem dar; aus meiner Sicht ist es eines der grundlegenden Probleme des Schreibens und Hintergrund vieler Schreibstörungen. Denn im Schreibprozess sind Schreibende auf sich selbst und ihre inneren Beziehungsrepräsentationen und -erwartungen zurückgeworfen und können nicht auf Rückmeldungen bauen wie bei der mündlichen Kommunikation. Geht eine Person ohnehin davon aus, dass andere Menschen sie streng bewerten oder schnell infrage stellen, so kann sie dies ohne direkte Rückmeldung beliebig auf die Lesenden projizieren. So entstehen innere Vorstellungen von überkritischen und abwertenden Lesenden, die mit der Realität überhaupt nichts zu tun haben müssen und aus den früheren Beziehungserfahrungen des oder der Schreibenden gespeist sind. Schwierig wird es, wenn diese Vorstellungen im Schreibprozess übermächtig werden und das Schreiben hemmen. Da helfen die folgenden Tipps.

**Tipps fürs Veröffentlichen**

Sorgen Sie schon möglichst früh für eine Leserreaktion, dann fällt es leichter, den Text zu veröffentlichen.

Machen Sie sich überkritische innere Stimmen bewusst und bearbeiten Sie sie, zum Beispiel, indem Sie solche Aussagen nebenbei notieren und damit Abstand von ihnen gewinnen. Oder wenden Sie

Selbstcoaching-Techniken an, die Sie im sechsten Kapitel kennenlernen. Wenn diese nicht ausreichen, können Gespräche mit anderen Menschen oder die Zusammenarbeit mit einem (Schreib-)Coach helfen.

Wenn Sie Ihren Text veröffentlicht haben: Seien Sie stolz auf Ihren Text und zeigen Sie ihn anderen Menschen. Werben Sie dafür.

Jetzt haben Sie viele Hinweise und Anregungen zum Schreibprozess bekommen. Dokumentieren Sie nun einmal, wie Sie selbst im Detail im Schreibprozess vorgehen. Zeichnen Sie dazu ein Schaubild oder eine Skizze und versuchen Sie, jede einzelne Handlung so kleinteilig wie möglich festzuhalten. Auch das Kaffeekochen und die schnelle Notiz auf einem Klebezettel gehören dazu. Auch Ihre Studierenden könnten Sie zu einer solchen schriftlichen Reflexionsübung anregen und sie anschließend dazu motivieren, die Skizze mit einer anderen Person zu besprechen. Dann können die GesprächspartnerInnen ihre Strategien vergleichen und sich gegenseitig Tipps geben. Im Folgenden finden Sie die wichtigsten Tipps zum Schreibprozess im Überblick.

**15 Tipps für effektives Schreiben im Prozess**

Stimmen Sie sich auf einen erfolgreichen Schreibprozess ein, indem Sie kleine Schreibrituale etablieren, sich kurz auf Ihr Schreibthema konzentrieren und innere und äußere Ablenkungen vermeiden.

Finden Sie einen passenden, schreibfördernden Schreibort.

Planen Sie die Zeit, die Sie für Ihr gesamtes Schreibprojekt benötigen, sehr konkret und tragen Sie die Schreibzeiten in Ihren Kalender ein.

Sammeln Sie zum Ideen-Entwickeln möglichst unzensiert alle Assoziationen und tragen Sie immer eine Möglichkeit bei sich, um Ihre Ideen zu dokumentieren, zum Beispiel ein Notizbuch oder ein Diktiergerät.

Planen Sie Ihre Grobgliederung mithilfe kreativer Techniken, die Ihnen helfen, auch bildhaft alles im Überblick zu sehen.

Um den roten Faden zu halten, können Sie jeden Textabschnitt feinstrukturieren, indem Sie etwa die Reihenfolge der Argumente, verschiedene Aufzählungselemente oder einen einleitenden und schließenden Satz planen.

Schreiben Sie Ihren Rohtext zügig voran und bleiben Sie dabei im Denk- und Schreibfluss.

Verschieben Sie alle Überarbeitungen auf später. Kommentieren Sie im Text und markieren Sie mit Sonderzeichen, wo Sie noch nacharbeiten wollen, um anschließend rasch weiterschreiben zu können.

Lassen Sie Ihren Text zum Reflektieren ruhen und reifen.

Bitten Sie schon früh eine vertraute Person um Rückmeldungen zu Inhalt und Struktur, nachdem Sie sie über den vorläufigen Stand Ihres Textes informiert haben.

Nehmen Sie sich Zeit fürs Überarbeiten – ungefähr die Hälfte Ihrer Schreibzeit.

Überarbeiten Sie Ihren Text in mehreren Schritten: erst im Hinblick auf Gesamteindruck, Inhalt und Struktur. Später in Hinblick auf Stil, Rechtschreibung und Zeichensetzung.

Drucken Sie Ihren Text fürs Überarbeiten immer aus und lesen Sie ihn an einem anderen Ort.

Stellen Sie sich für das Veröffentlichen darauf ein, die verschiedensten Leserreaktionen zu erhalten und festigen Sie Ihren Standpunkt.

Seien Sie stolz auf Ihren Text und werben Sie voller Überzeugung für ihn. So treten Sie in Austausch – und erfüllen damit das ursprüngliche Ziel wissenschaftlichen Schreibens.

Ein Schaubild mit Tipps zum Schreibprozess finden Sie zum Herunterladen im Internet (Scheuermann 2012).

## 3.2 Die Schreibtypen

Trotz aller Gemeinsamkeiten, die sich im Schreibprozess bei vielen Schreibenden ausmachen lassen, gibt es doch eine große Bandbreite von individuellen Strategien. Verschiedene SchreibforscherInnen (z.B. Keseling 2004; Ortner 2000) haben sich deshalb mit der Kategorisierung von Schreib(er)typen beschäftigt. So hat Hanspeter Ortner (2000) untersucht, wie AutorInnen literarischer und philosophischer Texte ihren Schreibprozess gestalten. Er hat zehn unterschiedliche Schreibertypen bzw. Schreibstrategien identifiziert - vom nichtzerlegenden Schreiben über das planende Schreiben bis zum Schreiben nach dem

Puzzleprinzip. Katrin Girgensohn hat dazu ein didaktisches Konzept des Stationen-Lernens entwickelt, mit dem die Schreibstrategien erweitert werden können (Girgensohn 2007b).

Die vier Schreibtypen, die mir in meiner Arbeit am häufigsten begegnen, lernen Sie im Folgenden kennen. Ich habe sie mit selbsterklärenden Namen versehen, um das Einprägen zu erleichtern (Scheuermann 2011; 2013a): Planer, Drauflosschreiber, Versionenschreiber und Patchworkschreiber. Für den *Planer,* der erst nach dem Strukturieren Text ausformuliert, kursieren weitere Bezeichnungen in der Literatur, ebenso wie für den *Drauflosschreiber,* der erst während oder nach dem Schreiben eine Struktur entwickelt. So beschreibt etwa Sylvie Molitor-Lübbert (2003) die Top-down- bzw. Bottom-up-Schreibenden mit ihren beiden grundlegenden Herangehensweisen an das Schreiben. Der *Versionenschreiber* als weiterer Schreibtyp formuliert entweder seinen Rohtext sehr stark um oder er schreibt ganz neue Versionen. Der *Patchworkschreiber* arbeitet an seinem Text wie an einem Flickenteppich und schreibt mal hier, mal dort weiter. Für gewöhnlich werden Sie mehr als einen Schreibtyp verkörpern, das hängt nicht nur von Ihren Vorlieben und Fähigkeiten, sondern auch von Ihrem Schreibprojekt, vom Kontext, von der Schreibaufgabe und von Ihrem Zeitbudget ab.

## Schreibtyp Planer

Durch unsere Köpfe geistern häufig Vorstellungen von genialen Schreibenden, die ihre Gedanken lange Zeit im Kopf ausbrüten und sie erst zum Schluss in einem einzigen produktiven Schub niederschreiben. Der Planer scheint der Idealtypus des wissenschaftlich Schreibenden zu sein – und tatsächlich gehen viele Schreibende so vor.

### *Planer*

- erstellen eine Gliederung, bevor sie mit dem Ausformulieren ihres Textes beginnen,
- zögern das Ausformulieren von Texten oft hinaus, weil sie noch warten, bis ihre Gedanken im Kopf ausgereift sind,
- generieren beim Ausformulieren von Text eher keine neuen Ideen mehr,
- neigen generell nicht zum Arbeiten ohne klares Ziel.

### *Vor- und Nachteile des Planens*

Günstig ist das Planen, weil Sie damit vermutlich den Überblick über Ihr Schreibprojekt bewahren. Mit einem guten Plan formulieren Sie später meist zügiger und sie laufen weniger Gefahr abzuschweifen. Planendes Schreiben ist jedoch nicht unter jeder Voraussetzung von Vorteil. Wenn Sie noch nicht genau wissen, was Sie überhaupt schreiben, stößt das planende Schreiben an seine Grenzen. Manchmal lässt sich die Struktur vorab einfach noch nicht festlegen, insbesondere bei sehr komplexen Themen, die erst nach und nach Form annehmen können. So ist bei wissenschaftlichen Arbeiten die Gliederung häufig nur eine vorläufige. Sie sollte flexibel bleiben und sich im Verlauf des Schreibens immer wieder verändern dürfen. Wer hier zu streng plant, vergibt sich Möglichkeiten, seine Arbeit an sich verändernde Denkprozesse anzupassen.

**Tipps für Planer**

Kombinieren Sie Ihre Strukturierungskompetenzen mit Schreibdenken und fördern Sie implizites, also noch nicht ausformuliertes Wissen zutage. Lassen Sie Ihr eigenes Schreiben also auch einmal ungeplante Wege gehen und üben Sie sich darin, neue, ungeahnte, kreative und möglicherweise vorerst chaotische Gedanken zuzulassen. Vertrauen Sie darauf, dafür später die richtige Form zu finden.

Prüfen Sie immer wieder, ob Sie durch übergründliches Planen das Ausformulieren vermeiden oder unnötig lange aufschieben. Falls das so sein sollte, notieren Sie Ihre Gliederung lieber so früh wie möglich schriftlich und möglichst ausführlich mit vielen Stichpunkten oder bereits mit ersten ausformulierten Sätzen.

Schieben Sie die Phase des Rohtextens nicht zu lange vor sich her.

**Abb. 3:** Der Planer

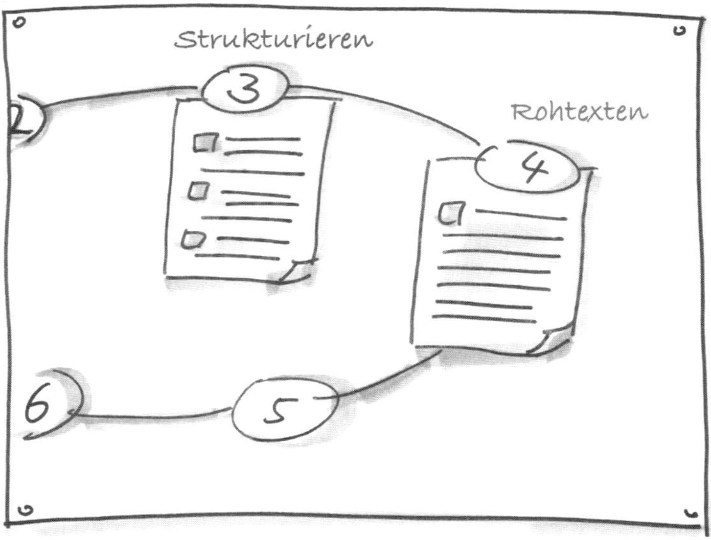


## Schreibtyp Drauflosschreiber

Der Schreibtyp des Drauflosschreibers ist lange nicht so populär wie der des Planers, insbesondere im wissenschaftlichen Kontext. Und dennoch schreibt nach meiner Erfahrung ungefähr die Hälfte aller Schreibenden auf diese Weise.

*Drauflosschreiber*

- schreiben gerne einfach drauflos, ohne sich viele Gedanken um die Struktur zu machen,
- nutzen das Schreiben, um damit weiter zu denken und auf neue Gedanken und Ideen zu kommen,
- schweifen beim Schreiben leicht von ihrem Kernthema ab und verlieren mitunter sogar die Orientierung,
- verändern ihren Textaufbau noch während des Schreibens und überdenken ihre Gliederung immer wieder neu.

### *Vor- und Nachteile des Drauflosschreibens*

DrauflosschreiberInnen können ihre Kompetenzen vorteilhaft einsetzen, wenn noch nicht ganz klar ist, welche Inhalte, Strukturen und Ziele der Text hat, denn implizites Wissen wird durch Drauflosschreiben in optimaler Weise hervorgebracht. Wissenschaftlich Schreibende profitieren also vom Drauflosschreiben, weil sie damit weiterdenken. Es kann inspirieren, motivieren und beflügeln. Auch gibt ihnen der früh produzierte Text meist eine gewisse Sicherheit, denn so merken sie, dass sie mit ihrem Schreibprojekt vorankommen. Das motiviert auch zum Weiterschreiben.

Drauflosschreiben kann dagegen eine nachteilige Strategie sein, wenn jemand schnell Text produzieren muss und wenn Inhalt und Struktur schon weitgehend bekannt sind. Dann würde Drauflosschreiben möglicherweise nur zusätzlichen Zeitaufwand bedeuten, der zudem vom Thema wegführt. Nachteilig ist Drauflosschreiben auch für diejenigen Schreibenden, die beim Schreiben so stark abschweifen, dass sie den Roten Faden verlieren und auch später nicht wiederfinden.

**Tipps für Drauflosschreiber**

Prüfen Sie immer wieder, ob das Drauflosschreiben für diesen Text und diese Schreibsituation die passende Strategie ist. Grundsätzlich gilt: Es ist in jedem Fall vorteilhaft, wenn Sie Ihr Schreibrepertoire um strukturierende Techniken erweitern. So bleiben Sie flexibel.

Achten Sie darauf, dass Sie Ihre ersten, noch unstrukturierten Rohtexte später sorgfältig strukturieren.

Dafür können Sie zum Beispiel das Rückstrukturieren (Scheuermann 2011) anwenden: Versehen Sie beim Lesen Ihres Rohtextes die einzelnen Gedankengänge mit provisorischen Überschriften, am besten mit einer Formatvorlage, die Sie in Ihrem Textverarbeitungsprogramm anlegen. So können Sie sich die Überschriften in der Gliederungsansicht oder als Dokumentstruktur, Navigationsbereich o.Ä. anzeigen lassen. Anschließend haben Sie einen guten Überblick und können leichter prüfen, welche Struktur sinnvoll ist. Sie können überlegen, wie die einzelnen Gedankengänge zusammenpassen, was Sie verschieben, verändern oder weglassen möchten und was Sie ergänzen oder gänzlich umstrukturieren müssen.

**Abb. 4:** Der Drauflosschreiber

## Schreibtyp Versionenschreiber

Der Schreibtyp des Versionenschreibers kommt recht häufig vor. Ich beobachte, dass gerade WissenschaftlerInnen häufig in Versionen schreiben – aus einem bestimmten Grund: Sie neigen nach meiner Erfahrung besonders zu Perfektionismus. Das passt zum Versionenschreiben, denn dabei wird der eigene Text immer und immer wieder grundlegend umformuliert oder ein- oder mehrmals ganz neu geschrieben, mit dem Ziel, irgendwann die perfekte Version zu finden. Das ist mehr, als lediglich mit Überarbeitungsdurchgängen den Rohtext zu verbessern.

*Versionenschreiber*

- überarbeiten ihren Text mehrmals sehr umfassend, sodass kaum noch etwas oder gar nichts mehr vom ursprünglichen Text zu erkennen ist,
- schreiben ihre Texte evtl. ein- oder mehrmals ganz neu – das ist die andere Variante des Versionenschreibens,
- haben oftmals die Qual der Wahl zwischen unterschiedlichen Textversionen.

### *Vor- und Nachteile des Versionenschreibens*

Wenn Sie zum Versionenschreiben neigen, so fällt es Ihnen möglicherweise leichter, unzensiert und früh zu schreiben, denn der Charakter des Vorläufigen unterstützt das freie Formulieren. Und Sie üben sich durch verschiedene Textversionen darin, immer wieder neu Ihr Thema zu formulieren. Auch das kann von Vorteil sein: Möglicherweise gelangen Sie in diesem Prozess Schritt für Schritt näher zum Kern dessen, was Sie mit Ihrem Text vermitteln wollen. Die entstehende Textmasse wird jedoch oft zum Nachteil des Versionenschreibens: Manche Schreibende verlieren dabei den Überblick und empfinden es als Belastung, später entscheiden zu müssen, welche Version die beste ist. Zudem ist Versionenschreiben nicht gerade die schnellste Methode, um zum fertigen Text zu kommen. Auch Frustration kann eine Rolle spielen: Wer viel Text „umsonst“ geschrieben hat, wähnt sich möglicherweise uneffektiv beim Schreiben.

**Tipps für Versionenschreiber**

Planen Sie mindestens die Hälfte, besser einen noch größeren Anteil Ihrer gesamten Schreibzeit für die Um- und Neuschreibephasen ein.

Beginnen Sie früh mit dem Schreiben und schreiben Sie schnell drauflos, denn Sie wissen ja, dass Sie noch viel vor sich haben.

Prüfen Sie beim Um- und Neuschreiben immer wieder, ob übertriebener Perfektionismus eine Rolle spielen könnte: Muss diese neue Textversion wirklich noch sein? Steht der Aufwand noch im Verhältnis zum Nutzen und zu Ihren Zielen?

**Abb. 5:** Der Versionenschreiber

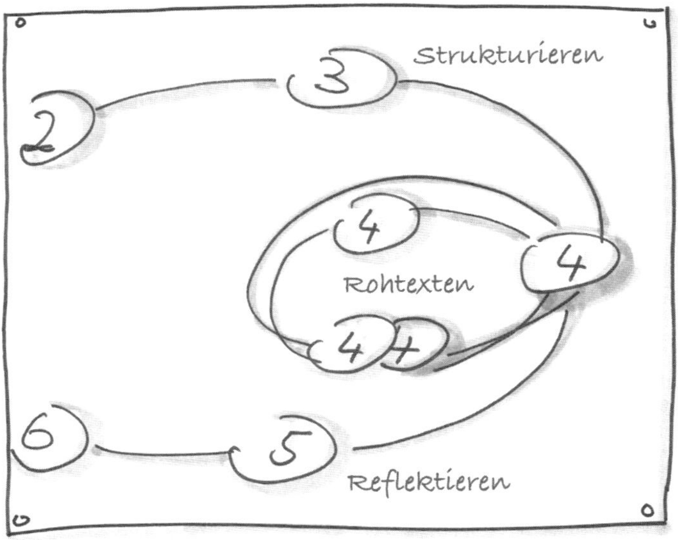


## Schreibtyp Patchworkschreiber

Patchworkschreiben bedeutet Schreiben nach dem Lustprinzip. Schreibende dieses Schreibtyps schreiben mal hier, mal dort in ihrem Text. Sie springen von einem Gliederungspunkt zu einem ganz anderen und folgen damit ihren Assoziationen, ihrer Schreiblust und pragmatischen Erwägungen. Die Idee dahinter: Dort wo die Schreiblust hingeht, dort verweilen gerade die Gedanken, dort ist der Widerstand am geringsten und der Textoutput am größten. Diese Art zu schreiben entspricht dem, wie sich heute immer mehr Menschen im Internet bewegen und dementsprechend auch denken – mit kurzer Verweildauer an einer Textstelle sowie mit assoziativ gesteuerten Denkaktionen (Carr 2011).

*Patchworkschreiber*

- schreiben gerne dort in ihrem Text weiter, wo sie gerade Lust und die meisten Ideen haben,

- arbeiten in ihrem Text an vielen Stellen parallel und lassen ihn so gleichmäßig wachsen,
- schreiben gerne in kleinen Einheiten,
- fühlen sich leicht erschöpft, wenn sie zu lange an einer Thematik arbeiten.

### *Vor- und Nachteile des Patchworkschreibens*

Die Vorteile des Patchworkschreibens liegen auf der Hand: Sie gehen *mit* Ihrem Denken anstatt dagegen. So vermeiden Sie Widerstände, die der Hintergrund für viele Denk- und Schreibblockaden sind. Das Naheliegende zuerst auszuführen hilft dabei, das Schwere leicht werden zu lassen: Angenommen, Sie haben einen Knoten im Kopf zu einer Fragestellung. Dann arbeiten Sie erst an einem ganz anderen Thema. Widmen Sie sich anschließend wieder Ihrer ursprünglichen Fragestellung, so ist dafür häufig wie von selbst eine Lösung vorhanden.

Ein Nachteil des Patchworkschreibens kann darin bestehen, dass Sie den Überblick über Ihr Schreibprojekt verlieren und Inhalte doppelt, dreifach oder gar vierfach formulieren, weil Sie vergessen haben, dass Sie schon an anderer Stelle dazu geschrieben haben. Manchmal wirkt sich das Patchworkschreiben auch nachteilig etwa auf die Schlüssigkeit der Argumentation aus, nämlich dann, wenn es als Abwehrstrategie gegen die Erkenntnis fungiert, dass ein Gedankengang nicht konsequent durchdacht ist. Dann springen Schreibende lieber zu einem anderen Gedanken, um unliebsame Irritationen ignorieren zu können.

**Tipps für Patchworkschreiber**

Organisieren Sie Ihre Dokumente so, dass Sie sich leicht zurechtfinden und souverän von einem Punkt zum anderen springen können. Dafür eignet sich im Textverarbeitungsprogramm die Gliederungsansicht oder die Ansicht mit Dokumentstruktur oder Navigationsbereich. In beiden Ansichten können Sie Ihre Überschriften im Überblick sehen, wenn Sie vorab Formatvorlagen definiert haben.

Wenn das Vermeiden von Schwachstellen die alleinige Motivation für das Patchworkschreiben ist, so üben Sie sich lieber in gedanklichem Tiefgang. Trainieren Sie dann, unterschiedliche Argumente abzuwägen und weiterführende Ideen mitzudenken.

**Abb. 6:** Der Patchworkschreiber

## 3.3 Schreiben für Extravertierte und Introvertierte

Es spielen noch weitere Faktoren eine Rolle, die den eigenen Schreibtyp prägen, nämlich Aspekte der Persönlichkeit - und dabei vor allem die Frage, ob Sie eher ein mündlicher oder ein schriftlicher Typ sind. Drücken Sie sich lieber schreibend aus, als dass sie reden? Halten Sie lieber einen Vortrag, als dass Sie einen Artikel schreiben? Telefonieren Sie lieber, als eine E-Mail zu verfassen? Das hängt natürlich von den Rahmenbedingungen und Ihren Zielen ab - dennoch kennen die meisten Menschen ihre Vorlieben sehr gut. Die gegensätzlichen Präferenzen Extraversion und Introversion gehören heute zu den am gründlichsten erforschten Gebieten der Persönlichkeitspsychologie. Zuerst beschrieben von dem Psychoanalytiker Carl Gustav Jung, der die Begriffe als zentrale Elemente der Persönlichkeit bekanntmachte, sind diese Typen heute fast jedem vertraut. Der Myers-Briggs-Typenindikator etwa, bekannter als MBTI (Briggs Myers & Myers 1995), der in den USA und zunehmend auch in Europa eine hohe Popularität besitzt, testet diese Typen sehr gründlich. Er ist das weltweit am häufigsten eingesetzte Instrument zur Persönlichkeitsanalyse und wird gerne im Personalwesen zur Eignungsprüfung eingesetzt. Und auch wenn sich die Definitionen im Detail unterscheiden, so ist die Schnittmenge der übereinstimmenden Merkmale doch groß.

Im Akt des Schreibens wenden sich Schreibende ihren Gedanken und ihrer inneren Sprache zu, um von dort aus Text hervorzubringen. Schreiben geschieht allein und das direkte Gegenüber fehlt, wenngleich die Kommunikation nach außen, zum Lesenden hingewendet sein kann. Deshalb ist Schreiben per se eine eher introvertierte Tätigkeit und es wundert nicht, dass es den Tätigkeiten zugeordnet wird, die Introvertierte bevorzugen (Löhken 2012).

Prüfen Sie anhand der folgenden Aufzählungen (Löhken 2012; Cain 2011; Briggs Myers & Myers 1995), ob Sie ein eher extravertierter, also außenorientierter Mensch oder ein introvertierter, also auf die eigene Innenwelt orientierter Mensch sind. Laut Cain (2011:390) sind 30 bis 50 Prozent der Menschen introvertiert, die Werte variieren kulturell und testbedingt.

## Extravertierte

- sind gern unter Menschen und in Gruppen; sie langweilen sich leicht mit sich allein;
- benötigen für Lernen, Inspiration und Regeneration Anregung von außen und den Austausch;
- reden gerne und viel, dominieren häufig Gruppengespräche und damit Gruppenprozesse;
- entwickeln Gedanken beim Sprechen weiter;
- entsprechen mit ihrem Verhalten dem „Ideal der Extravertiertheit", das in unserer Kultur vorherrscht (Cain 2011:15).

**Tipps für Extravertierte**

Achten Sie darauf, dass Sie viel und häufig über Ihren Text mit anderen sprechen und dass Sie immer wieder und schon früh ein Feedback erhalten.

Schreiben Sie „sendungsbewusst": Denken Sie an das, was Sie Ihren Lesern vermitteln wollen.

Nehmen Sie innerlich Kontakt mit Ihren Lesenden auf: Führen Sie sich die Lesenden oder besser noch eine konkrete Person vor Augen.

Introvertierte

- sind gerne mit sich allein oder mit wenigen vertrauten Menschen zusammen und hören lieber zu als selbst zu reden;
- brauchen Ruhe und Rückzug, um zu regenerieren – sie erholen sich eher im Alleinsein und in Reizarmut, höchstens im Kontakt mit nahen Menschen; weniger unter Leuten und bei Gruppenaktivitäten;
- sind erschöpft, wenn sie unter Leuten waren, selbst wenn sie es genossen haben;
- sind eher auf ihr Innenleben konzentriert und entwickeln neue Ideen aus der Tiefe. Sie brauchen also das Alleinsein und die Stille, um auf neue Gedanken zu kommen;
- mögen eine Arbeit, in die sie sich allein und mit wenigen Unterbrechungen vertiefen können;
- denken vor dem Reden erst gründlich nach und machen sich gern Notizen, um ihre Gedanken abzurufen. Sie benötigen generell oft längere Zeit, um Informationen und Gedanken abzurufen und zu äußern;
- sind mit ihrem Temperament und ihrem dementsprechenden Verhalten und Auftreten gesellschaftlich weniger anerkannt (Cain 2011).

**Tipps für Introvertierte**

Nutzen Sie das Schreiben, um in einem weitgehend extravertierten Arbeitsalltag mit viel Kontakt und mündlicher Kommunikation zwischendurch zu regenerieren.

Gestehen Sie es sich zu, dass Sie für produktives Schreiben Ruhe und Alleinsein benötigen, und sorgen Sie dementsprechend dafür, dass Sie diese Zeiten haben. Das heißt: Bürotür schließen, Telefonhörer aufgelegt lassen, den Computer in den Offline-Modus schalten, ruhige Arbeitszeiten wie die Morgen- und Abendstunden zum Schreiben nutzen oder einen ruhigen Schreibort aufsuchen.

## 3.4 Schreibzeiten

Auch die Schreibzeiten prägen den eigenen Schreibtyp: Welche Pausenfrequenz und -länge ist sinnvoll für Sie? Wann und wie lange sollten Sie an einem Tag schreiben, um möglichst produktiv zu schreiben? Wie häufig pro Woche sollten Sie schreiben?

## Pausen

Machen Sie gerne viele Pausen, weil Sie lieber in kleinen Zeiteinheiten schreiben? Wer kurze Schreibeinheiten bevorzugt, muss sich nach einer Pause mit zusätzlichem Arbeitsaufwand wieder neu in seinem Text einfinden. Das kostet Mühe. Die Gefahr ist groß, die Rückkehr zum Schreiben lieber ganz zu vermeiden. Aber auch das gegenteilige Pausenverhalten kann problematisch werden. Neigen Sie dazu, Stunde um Stunde am Stück zu schreiben, wenn Sie erst einmal ins Schreiben eingestiegen sind? Vergessen Sie dann möglicherweise komplett zu pausieren? Wenn Sie dabei wirklich im Schreibflow schreiben, also in einem hochgestimmten, zeitvergessenen idealen Arbeitszustand, so ist dagegen nichts einzuwenden. Problematisch wird es nur, wenn Sie sich in diesen Schreibphasen ohne Pause auf Dauer erschöpfen und hinterher entkräftet „aufwachen". Dann sind Sie möglicherweise körperlich und geistig so überbeansprucht, dass danach gar nichts mehr geht. Zum Pausenverhalten lassen sich in der Chronobiologie und Chronomedizin wichtige Erkenntnisse finden. Diese recht jungen Wissenschaften untersuchen die natürlichen Rhythmen von Körper und Psyche wie etwa den Schlaf-Wach-Rhythmus, die Atmung oder den Herzschlag.

**Tipps fürs Pausenverhalten**

Menschen sollten sich im Verlauf von ungefähr 90 Minuten jeweils ca. 20 Minuten lang erholen (Klasmann 2005), um langfristig leistungsfähig zu bleiben.

Prüfen Sie immer wieder neu, ob Sie sinnvolle Pause im richtigen Abstand machen. Ein wichtiger Anhaltspunkt kann die eigene Befindlichkeit sein.

Falls Sie viele Pausen machen, so achten Sie darauf, dass Ihr Schreiben nicht irgendwann nur noch aus Pausen besteht.

Falls Sie zu wenige Pausen machen und sich dadurch regelmäßig überanstrengen, so stellen Sie sich einen Wecker oder sorgen Sie auf andere Weise für Unterbrechungen.

Tun Sie in der Regenerationsphase möglichst das Entgegengesetzte dessen, was Sie in der Arbeitsphase getan haben: Nach anspruchsvoller Denkarbeit etwa könnten Sie die Gedanken ziellos treiben lassen. Nach angespanntem Sitzen könnten Sie eine Treppe hinab- und wieder hinauflaufen oder ein paar Dehnungsübungen machen. Und nach dem konzentrierten Blick auf den Bildschirm lassen Sie den Blick in die Ferne, zu ein paar fliegenden Vögeln und bis in die Wolken schweifen.

## Schreibzeiten im Tagesverlauf

Manche schreiben gerne am Morgen, noch unbelastet von den Eindrücken des Tages, und sind zu dieser Zeit in geistiger und körperlicher Hochform. Andere sind abendaktiv und können die Spätnachmittags- und Abendstunden für das Schreiben besonders gut nutzen, weil sie zu dieser Zeit noch einmal ein Leistungshoch haben. Neben der Leistungsfähigkeit spielt ein weiteres Kriterium bei der Wahl der Schreibzeiten eine wichtige Rolle: die Ungestörtheit. Schreiben ist eine äußerst störanfällige Tätigkeit - allzu leicht lassen sich viele Schreibende durch Telefonanrufe, neu eintreffende E-Mails, Besuche von KollegInnen im eigenen Büro und auch die Gesamtstimmung eines geschäftigen Arbeitstages aus einer produktiven Schreibstimmung reißen.

**Tipps für Tages-Schreibzeiten**

Achten Sie darauf, dass Sie das Schreiben an Ihre individuellen Leistungs-Hochzeiten anpassen, denn Schreiben ist eine enorm anspruchsvolle Tätigkeit: geistig, emotional und körperlich.

Und suchen Sie sich möglichst störungsfreie Zeiten für das Schreiben – das sind häufig die ruhigeren Morgen- oder Abendstunden.

## Schreibfrequenz

Die meisten meiner KlientInnen schreiben besser motiviert, wenn sie in kleinen Zeiteinheiten, dafür jedoch häufiger schreiben. Das passt nicht für alle: Manch eine braucht zwei bis drei Stunden ohne Unterbrechung, um sich überhaupt in die Schreibaufgabe eindenken zu können. Und manch einer hat einfach nicht mehrmals pro Woche Zeit und Nerven, um sich auf das Schreiben zu konzentrieren. Dennoch: Das tägliche Schreiben stellt eine hervorragende Möglichkeit dar, sich selbst zu motivieren und der weit verbreiteten Aufschieberitis vorzubeugen. Der Titel einer Publikation der US-amerikanischen Schreibdidaktikerin Joan Bolker (1998) zum Promovieren sagt zu diesem Ansatz schon fast alles, auch wenn er sicherlich provokant formuliert ist und nicht in jeder Phase der Dissertation durchzuhalten sein wird: „Writing Your Dissertation in Fifteen Minutes a Day". Wenn Sie auf diese Art schreiben, werden Sie dabei einen meiner wichtigsten Grundsätze für die Schreibmotivation erleben: *Motivation entsteht durch Tun*. Dieser Satz wird übrigens auch von Studierenden als sehr wertvoll empfunden. Denn Motivation entsteht tatsächlich dadurch, dass man sich mit einer anstehenden Aufgabe in irgendeiner Weise beschäftigt, und sei es nur für zwei oder drei Minuten. Sofort beginnt das Gehirn damit zu arbeiten, erste Ideen und Fragen entstehen, implizites Wissen wird abgerufen – und schon wird man in die Aufgabe hineingezogen und entwickelt eine eigene Motivation, jenseits von schlechtem Gewissen, Selbstdisziplin-Aufrufen oder Durchhalteparolen.

**Tipps zur Schreibfrequenz**

Arbeiten Sie so häufig wie möglich an Ihrem Schreibprojekt, besonders dann, wenn Sie bemerken, dass Sie Ihre Schreibaufgabe vor sich her schieben.

Probieren Sie einmal Folgendes aus: Schreibdenken Sie täglich nur fünf Minuten zu verschiedenen Fragestellungen aus Ihrem Schreibprojekt, zu Fragen der Struktur oder des Vorgehens und achten Sie darauf, wie sich Ihre Schreibmotivation verändert.

## 3.5 Günstige Schreibbedingungen schaffen

Mit einer Reihe von Vorschlägen, wie Sie Schreiben im Prozess produktiv gestalten können, indem Sie günstige Rahmenbedingungen schaffen, endet dieses Kapitel über den Schreibprozess. In den fünfzehn Jahren meiner Schreibcoaching-Tätigkeit haben sie sich als diejenigen herausgestellt, von denen nahezu alle

Schreibenden profitieren, manche davon habe ich weiter oben schon erwähnt.

## Niedrigschwellig und täglich schreiben

Lassen Sie wie gerade beschrieben das Schreiben zu einer automatisierten Tätigkeit werden, wie Zähneputzen oder Kaffeekochen. Eine täglich und leicht ausgeübte Tätigkeit hat besonders gute Chancen, zur Gewohnheit zu werden und wirkt selbstmotivierend.

## Zu gleichen Tageszeiten schreiben

Suchen Sie sich eine Tageszeit aus, zu der Sie besonders gut arbeiten können, und schreiben Sie täglich zu dieser gleichen Tageszeit. Dann müssen Sie bald nicht mehr darüber nachdenken, ob Sie nun zum Beispiel vor dem Zu-Bett-Gehen noch ein paar Ideen notieren oder nicht.

## Den Schreibort bewusst gestalten

Sogar wenn Sie am Computer arbeiten, können Sie heute Ihren Schreibort dank tragbarer Geräte so frei wählen wie nie zuvor. Der Büroarbeitsplatz ist dabei nicht unbedingt der beste Ort zum Schreiben, denn er ist meist innerlich mit all dem Arbeitsstress verbunden ist, der an vielen Arbeitsplätzen die Stimmung prägt. Wählen Sie einen Schreibort aus, der Sie wie von selbst in eine gute Stimmung bringt. Wo fühlen Sie sich wohl? Welche Umgebung hebt Ihre Stimmung? Wo können Sie besonders konzentriert denken? Für den einen ist es das stille Dachzimmer, für eine andere ist es das lärmige Café, für einen dritten die Bank am Waldrand. Testen Sie verschiedene Schreiborte und finden Sie Ihren ganz persönlichen Ort.

## Eine gute Schreibstimmung fördern

Mit weiteren Stimmungsförderern motivieren Sie sich zum Schreiben und verbinden es mit etwas Positivem: etwa mit Musikhören, mit ausgesuchten Schreibgeräten und -papieren für handschriftliches Schreiben, mit schönen Bildern oder Fotos in Sichtweite, mit einem frisch gelüfteten Raum und angenehmer Raumtemperatur, mit dem Ausschalten von Störfaktoren wie E-Mail-Benachrichtigungen oder Telefonklingeln. Ich schreibe zum Beispiel sehr gerne mit Musik - wie viele meiner KlientInnen auch. Manche hören dasselbe Lied immer wieder neu, andere nur klassische Musik, wieder andere hören Entspannungsklänge oder Naturgeräusche wie Vogelsingen oder Wellenrauschen. Die alte Regel, dass man für konzentriertes Schreiben absolute Stille braucht, gilt jedenfalls nicht mehr. Probieren Sie aus, was Ihr Schreiben fördert und testen Sie es ein paar Wochen lang.

## Rituale vorschalten

Am besten, Sie bauen Ihre Vorbereitungen auf das Schreiben zu Ritualen aus, die Sie in immer gleicher Weise vor dem Schreiben tun. Sie helfen sich dabei, besser ins Schreiben zu kommen und mit der Zeit immer schneller von anderen Tätigkeiten auf das Schreiben umzuschalten. Das Schreibtisch-Aufräumen ist für fast alle Schreibenden ein hilfreiches Ritual, aber auch das Vorbereiten der nächsten Pause - das Obst für die Frühstückspause ist dann schon bereitgestellt. Vielleicht machen Sie auch immer eine schnelle Kritzelzeichnung auf einem Beiblatt im Stehen, bevor Sie sich zum Schreiben setzen. Ebenso kann es zum Ritual werden, vorher kurz einmal die Muskeln zu dehnen oder eine Minute aus dem Fenster zu blicken.

## Das Schreibmedium bewusst wählen

Nicht für jeden ist zum Schreiben die Computertastatur am besten geeignet. Viele schreiben gerne mit dem Stift auf Papier, gerade beim Schreibdenken. Beim handschriftlichen Schreiben lassen sich Text und Bild sehr viel leichter miteinander kombinieren und die Hand schwingt mit ganz anderen Bewegungen als bei den immer gleichen Finger-Bewegungen beim Tippen.

## Bewegen

Daran schließe ich einen letzten Tipp an: Bewegen Sie sich. In den Schreibpausen mit ein paar Armschwüngen, Dehnübungen oder einem Ausfallschritt, aber auch während des Schreibens: Nutzen Sie ein Sitzmöbel, das Ihnen ständiges Bewegen ermöglicht, wie etwa einen Sitzball oder andere bewegliche Sitzmöbel. Bewegen ist wichtig, weil dies nicht nur Ihren Kreislauf anregt, sondern auch Ihre Gehirnzellen auf Trab bringt und so gedankliche Einbahnstraßen und Sackgassen auflöst und neue Ideen entstehen lässt.

# 4. Schreibdenken kennenlernen – Methodenkoffer

In diesem Kapitel lernen Sie eine Reihe von Schreibdenktechniken als kleinste methodische Einheiten kennen, die zusammen die Methode des Schreibdenkens abbilden. Die Techniken eignen sich sowohl für Seminarkontexte als auch für die Einzelarbeit. Sie sind innerhalb dieses Kapitels in fünf Bereiche untergliedert: Die *Denkbilder* vereinen Techniken, die Bild und Text integrieren: Innere Bilder, Denkskizze und Wortfigur. Die *Schreibsprints* sind Schnellschreibtechniken, die besonders direkt an die innere Sprache anknüpfen: Wortsprint, Seriensprint, Cluster, Gedanken- und Fokussprint sowie Schreibstaffel. Die *Denkwege* helfen Ihnen beim Strukturieren von Text: Denkpfad, Textpfad, Gedankenlandkarte und Roter Faden. Methoden für das Schreibdenken in der Gruppe sind bei *Gemeinsam schreibdenken* das Inkshedding und das Plakatwandern. Und *Schreibdenken von Tag zu Tag* schließlich gibt mit den Notizstrategien Hinweise für das tägliche Schreiben. Zu welchen Lehr-Lernzielen die vorgestellten Techniken jeweils passen und in welchen Phasen Ihrer Lehrveranstaltung Sie diese Techniken einsetzen können, erfahren Sie im fünften Kapitel.

Viele der vorgestellten Techniken sind schon lange als erprobte Basisübungen des Schreibdenkens im Einsatz. Darunter finden Sie auch einige Übungen, die ich in anderen Büchern zum Thema des beruflichen und wissenschaftlichen Schreibens beschrieben habe (Scheuermann 2011; 2013a), dort wende ich mich auch jenseits von Schreibdenken an Berufstätige, WissenschaftlerInnen und SachbuchautorInnen.

Bei einigen der Techniken sind UrheberInnen auszumachen, etwa beim Cluster oder der Wortfigur die Autorin Gabriele Rico (2004) oder beim Mindmap Tony und Barry Buzan (2005). Andere sind schreibdidaktisches Allgemeingut. Wieder andere wie etwa die Denkskizze, der Denkpfad, der Textpfad, die Schreibstaffeln oder die Notizstrategien habe ich in meiner Arbeit entwickelt.

## 4.1 Denkbilder

Denkbilder (Scheuermann 2011) sind innere Vorstellungen und Bilder bzw. die daraus entwickelten Skizzen oder eine andere bildhafte Form der Darstellung von Innenwelten. Die meisten von uns denken zumindest zum Teil mit inneren Bildern. Mit Denkbildern verbinden Sie sprachliches und bildhaftes Denken miteinander. Bilder wirken stark und sie können unser Denken, Handeln und Fühlen entscheidend prägen (Hüther 2010). Sie erreichen durch Denkbilder einen ganzheitlichen und kreativen Zugang zu Schreibprojekten. Und wenn Sie Ihre Ziele visualisieren, erreichen sie sie leichter auch ohne Disziplin und erkennen möglicherweise besser den Sinn in Ihrem Schreibprojekt. Dazu ein Beispiel: Eine Agrarwissenschaftlerin schreibt über die Verschlämmung von Böden. Sie entwickelt ein Denkbild, in dem verschiedene Bodenproben für die Auswertung bereitliegen; dahinter „sieht" sie einen Bauern, der dank dieser Forschung bessere Maßnahmen gegen die Bodenverschlämmung treffen kann. Der Zweck ihres Forschungsprojektes ist ihr nun deutlicher vor Augen und motiviert sie.

### Innere Bilder

Mit dieser Übung können Sie jederzeit und mit geringstem Zeitaufwand innere Bilder entstehen lassen. Mit ein wenig Übung dauert das später nur eine halbe Minute oder ein paar Sekunden. Bei allen Techniken zu den „Inneren Bildern" gilt: Sie dienen als kreative Vorbereitung und Klärung für das Schreiben, auch als Einstimmung auf das Schreiben. Bewahren Sie sie auf und rufen Sie sich die Bilder im weiteren Schreibprozess immer wieder in Erinnerung, zum Beispiel, indem Sie Skizzen zu besonders wichtigen Bildern in Sichtweite an einer Wand aufhängen.

Ich setze die Übung gerne ein, wenn die Teilnehmenden noch am Beginn ihres Schreibprojektes stehen.

**Übung „Innere Bilder" – 5 Minuten**

Setzen oder legen Sie sich bequem hin. Spüren Sie den Bodenkontakt mit den Füßen oder mit dem ganzen Körper und schließen Sie die Augen. Beobachten Sie einige Atemzüge lang, wie Ihr Atem ein- und ausströmt, ohne ihn zu beeinflussen.

Richten Sie nun Ihre Aufmerksamkeit auf das, wozu Sie ein inneres Bild entwickeln möchten – Ihr Schreibthema mit der Kernaussage, Ihre gute Stimmung beim Schreiben, der zukünftige Erfolg, den Sie mit Ihrem Text später haben werden, die positive Leserreaktion auf Ihren Text oder die erste Idee davon, wo Sie infolge des jetzigen Schreibprojektes in fünf Jahren stehen werden.

Gibt es dazu ein Bild, das sich spontan in Ihrer Vorstellung entwickelt? – Warten Sie eher in einer passiven Haltung ab, ob und welche Bilder möglicherweise auftauchen. Sie können dafür auch eine Vogelperspektive einnehmen oder Bilder auf einer vormals leeren Kinoleinwand sich entwickeln lassen.

Vielleicht sehen Sie eine Szene vor dem inneren Auge oder ein Wort, einen Satz – etwa eine Überschrift. Hören oder beobachten Sie Menschen, die sich über Ihren Text unterhalten? Können Sie ein Symbol oder eine Metapher für Ihr Schreibthema finden?

Wenn Sie möchten, können Sie noch ein wenig nachhelfen: Gestalten Sie die Leserreaktion noch etwas begeisterter, bringen Sie Ihre Kernaussage in dem Bild klarer auf den Punkt oder stellen Sie sich gleich noch ein paar hundert mehr begeisterte Lesende Ihres Artikels vor.

Wenn Sie genug gesehen haben, prägen Sie sich die beeindruckendsten Bilder ein und kehren mit Ihrer Aufmerksamkeit zurück in Ihre Alltagssituation. Öffnen Sie die Augen, dehnen und strecken Sie sich ein wenig, um neue Energie zu sammeln und rekapitulieren Sie die inneren Bilder, die Sie gesehen haben. So verankern Sie sie in der Erinnerung.

Wenn Sie möchten, notieren oder skizzieren Sie Ihre inneren Bilder ohne jeglichen künstlerischen Anspruch mit einer schnellen Skizze auf Papier.

## Denkskizze

Schon immer haben große Denker Text-Bild-Kombinationen eingesetzt, sei es Leonardo Da Vinci mit seinen Zeichnungen, die er um Text ergänzt hat, sei es Charles Darwin, der in seinen Notizbüchern unter anderem seine berühmte Skizze „I think" notiert und dabei Text mit Beschriftung kombiniert hat (Darwin 1837).

Die Denkskizze (Scheuermann 2013a) ist eine effektive Übung, um bildhaftes und sprachliches Denken für kreative Höchstleistungen miteinander zu verbinden. Sie denken innovativer sowie facettenreicher. Sie entdecken neue Zugänge zu Ihrem Schreibthema. Mit der Denkskizze können Sie sich zudem Klarheit darüber verschaffen, was der Kern Ihres Schreibthemas ist, oder sich über Ideenflauten hinweghelfen: Ihr bildhaftes Denken erklärt Ihrem rein sprachlichen Denken, wie es mit dem Schreiben weitergehen könnte.

Ich setze Denkskizzen fast immer in meinen Seminaren zum wissenschaftlichen Schreiben ein. Die Teilnehmenden reagieren erst einmal irritiert, doch trotz skeptischer Kommentare sind sie zum Ende der Übung froh, die Denkskizze ausprobiert zu haben. Diese Übung ist nur für handschriftliches Arbeiten geeignet.

**Übung „Denkskizze" – ca. 10 Minuten**

Beginnen Sie mit einer Kurzentspannung mit geschlossenen Augen, wie Sie sie schon bei der Übung „Innere Bilder" kennengelernt haben. Fokussieren Sie sich hier jedoch klar auf Ihr Schreibthema: Welche Bilder, Filmsequenzen oder Text- bzw. Höreindrücke entstehen dazu in Ihrer inneren Vorstellungswelt? Sammeln Sie diese Eindrücke und öffnen Sie die Augen wieder.

Skizzieren Sie nun das, was Sie wahrgenommen haben, auf einem Blatt Papier, am besten im DIN-A3-Format.

Die entstandene Bildskizze beschriften Sie in einem zweiten Schritt: Fügen Sie Wörter, Sätze, wörtliche Rede oder Ausrufe hinzu, wo immer Ihnen etwas dazu einfällt – Bildbeschreibungen Kommentare, Ausrufe, Stichwörter, Sätze.

## Wortfigur

Wortfiguren (Rico 1994) intensivieren den Bezug zur eigenen Innenwelt und ermöglichen einen emotionalen, intuitiven und spontanen Zugang zu eigenen Empfindungen und Wahrnehmungen. Ähnlich wie die Denkskizze kombiniert die Wortfigur im zweiten Übungsschritt Bild mit Text. Doch der erste Schritt ist anders: freier, intuitiver und weniger kopfgesteuert.

Ich setze diese Übung manchmal ein, wenn ich das Ziel habe, den Teilnehmenden einen ungewohnten Zugang zur emotionalen Seite des Schreibens oder eines anderen Themas zu eröffnen.

**Übung „Wortfigur" – ca. 5 Minuten**

Schließen Sie für einen Moment die Augen und konzentrieren Sie sich auf Ihr Innenleben und Ihre Körperwahrnehmung. Besinnen Sie sich auf Ihren Atem, wie ich es bei der Übung „Innere Bilder" beschrieben habe – das ist immer hilfreich, wenn Sie sich nach innen wenden wollen.

Öffnen Sie nun die Augen und werfen Sie mit einem spontanen Schwung Linien aufs Papier, ohne dabei abzusetzen. Es entsteht ein Liniengewirr, das nahezu vollständig aus dem intuitiven Schwung Ihrer Hand entspringt. Erst wenn Sie das Gefühl haben, genug Linien aufs Papier gebracht zu haben, beenden Sie den Schwung und betrachten das Bild als Ganzes.

Arbeiten Sie mit diesem Entwurf weiter: Fügen Sie Muster in Zwischenräume ein, malen Sie andere Flächen aus und fügen Sie Farbe hinzu, wenn Sie möchten; etwa so wie die gedankenverlorenen Kritzelzeichnungen während eines Telefonats oder Meetings. Alles erfolgt intuitiv, so wenig kopfgesteuert wie möglich.

Beschriften Sie nun spontan und unzensiert: hier ein Wort, dort ein Satzfragment, da ein paar Sätze – Kommentare, Ausrufe, Ideen, Fragen.

So entsteht ein Gebilde aus Formen, Zeichen und Wörtern, das in irgendeiner Weise, die vielleicht nur Sie verstehen, Aspekte Ihres Innenlebens ausdrückt und erste Verknüpfungen zu Ihrem sprachlichen Denken herstellt.

## 4.2 Schreibsprints

Die Schreibsprints (Scheuermann 2013a) gehören zu meinen Favoriten unter den Schreibdenkübungen. Ich habe diesen Namen gewählt, um das hohe Tempo beim Schreiben zu unterstreichen: Sie schreiben bei allen Übungen schnell drauflos – Sie sprinten. Damit trainieren Sie das zügige, unterbrechungsfreie und unzensierte Schreiben und knüpfen sehr direkt an Ihre innere Sprache an. Sie entwickeln Ihre eigene Schreibstimme. Gewohnte Schreibmechanismen sind ausgehebelt. Schreibsprints sind in der Regel hoch motivierend für das Schreiben, manchmal entstehen wahre Ideenexplosionen. Und Spaß macht es auch. Die Ergebnisse dieser „Sprints" lassen sich nicht nur zum Einstieg ins Schreiben nutzen, Sie können sie auch jederzeit zwischendurch als Denkhilfe, bei kurzfristigen Schreibtiefs und bei akutem Ideenmangel einsetzen.

### Wortsprint

Der Wortsprint (Scheuermann 2013a) ist der schnellste und kürzeste Schreibsprint; nicht viel mehr als eine Wortliste. Sie sammeln damit schnell und wie nebenbei neue Ideen, auch abseitigere Einfälle, und können sich für eine folgende Schreibeinheit schriftlich „aufwärmen". Mit einer vorgeschalteten Wortsprint-Einheit bringen Sie alle Teilnehmenden mit minimalem Zeitaufwand auf den gleichen Stand.

**Übung „Wortsprint" – ca. 2 Minuten**

Probieren Sie zuerst einen *zentrierten Wortsprint* aus: Legen Sie ein Blatt Papier im Querformat bereit und schreiben Sie in die Mitte des Blattes ein Wort, zu dem Sie etwas Neues herausfinden möchten. Sammeln Sie alle Assoziationen, die Ihnen zu diesem Wort einfallen und notieren Sie sie sternförmig um das Kernwort herum. Alle Wörter beziehen sich direkt auf das Kernwort, Sie bilden also keine Assoziationsketten wie beim Cluster, das ich weiter unten beschreibe.

Hören Sie nach dem ersten Ideensturm nicht auf, denn meistens folgt nach einer ersten Flaute eine weitere Welle von Ideen, die noch etwas tiefer geht und weniger naheliegende Assoziationen zutage fördert.

Sie können den Wortsprint auch im Computer erstellen, dann assoziieren Sie unter der Überschrift in Listenform. In dieser Form gleicht der Wortsprint einem schriftlichen Einzel-Brainstorming.

Probieren Sie nun den *seriellen Wortsprint* aus. Dafür schreiben Sie wieder ein Wort auf ein Blatt Papier und beginnen von diesem Wort ausgehend Assoziationen zu bilden; doch jetzt folgt die neue Assoziation jeweils aus der vorhergehenden und Sie beziehen sich nicht mehr bei jeder Assoziation auf das Kernwort. So entsteht eine Assoziationskette, bei der Sie sich weit vom Ausgangswort entfernen, das nur den ersten Anstoß gegeben hat.

Werten Sie Ihre Wortsprints aus, indem Sie interessante Wörter markieren, weitere ergänzen oder Querverbindungen einzeichnen.

## Seriensprint

Der Seriensprint oder auch serielles Schreiben (Werder 1993) ist eine weitere Schreibstartübung, die trotz ihrer Einfachheit und Kürze - etwa zwei bis drei Minuten - sehr effektiv ist. Beim Seriensprint schreiben Sie Satzanfänge wiederholt weiter und fördern durch die rhythmische Schreibform in kürzester Zeit Gedanken zutage, die sehr direkt aus inneren Gedankengängen abgeleitet sind. Nach dem Wortsprint ist der Seriensprint die wohl niedrigschwelligste Form des Schreibdenkens.

Ich setze den Seriensprint fast immer zu Beginn von Seminaren ein, damit die Teilnehmenden an ihre Vorerfahrungen mit dem Schreiben anknüpfen. Dann schlage ich den Satzanfang: „Schreiben bedeutet für mich ..." vor. Grundsätzlich können Sie jeden Satzanfang nutzen, etwa „Dieses Thema ist mir besonders wichtig, weil ... ", „Mein Ziel für die nächsten anderthalb Stunden ist ..." oder „Ich will herausfinden ...".

**Übung „Seriensprint" – ca. 3 Minuten**

Schreiben Sie fünf- bis siebenmal denselben Satzanfang und führen Sie ihn jeweils mit den Worten weiter, die Ihnen spontan zuerst und ohne zu zensieren in den Kopf kommen.

Sobald Sie einen Satz fertig haben, setzen Sie wieder neu mit demselben Satzanfang an und führen diesen wiederum fort. Schreiben Sie auf diese Weise so schnell wie möglich, ohne den Stift abzusetzen, ca. drei Minuten lang.

Wenn Sie die Sätze fertiggestellt haben, lesen Sie sie noch einmal durch und markieren die Satzteile oder Wörter, die Ihnen besonders interessant erscheinen.

## Cluster und Multicluster

Das Clustering (Rico 2004) ist eine Technik, die in den unterschiedlichsten schreibdidaktischen Kontexten sehr häufig eingesetzt wird und deshalb recht bekannt ist. Ich schlage Ihnen als Variante den Multicluster vor, mit dem Sie experimentieren können, wenn Ihnen das Clustern schon vertraut ist und wenn Sie noch komplexer schreibdenken möchten. Beim Clustern aktivieren Sie viele Gehirnbereiche gleichzeitig. Wieder verbinden Sie sprachliches und bildhaftes Arbeiten miteinander und schreiben nicht linear. Das lockert und entspannt das Denken und Sie gewinnen in kürzester Zeit eine Fülle von Einfällen, die auf einen Blick zu sehen sind. Die Technik ähnelt dem seriellen Wortsprint. Der Unterschied: Sie bilden immer neue Assoziationsketten, die vom Kernwort ausgehen. Beim seriellen Wortsprint dagegen verfolgen Sie eine einzige Assoziationskette immer weiter und entfernen sich inhaltlich viel weiter vom Ausgangswort als beim Cluster.

Ich setze die Cluster-Technik gerne zu Beginn oder auch für ein Resümee am Schluss einer Lehrveranstaltung ein.

**Übung „Cluster" – ca. 5 Minuten**

Schreiben Sie in die Mitte eines Blattes Papier im Querformat ein Ausgangswort, zu dem Sie Ideen sammeln möchten.

Kreisen Sie dieses Wort ein und zeichnen Sie eine kurze Linie, die vom Ausgangswort wegführt.

Notieren Sie nun von diesem Wort ausgehend eine erste Assoziation, die Sie ebenfalls einkreisen und mit einer weiteren Linie versehen. Die nächste Assoziation bezieht sich wiederum auf die vorhergehende usw. So entsteht bald eine erste Assoziationskette, deren Einfälle sich immer weiter vom Ausgangswort entfernen. Bis hierher haben Sie noch nichts anderes getan als beim seriellen Wortsprint.

Doch nun, am Ende einer ersten Assoziationskette angekommen, kehren Sie zum Ausgangswort zurück und beginnen eine neue Assoziationskette. Wieder schreiben Sie sie so lange fort, bis Sie keine Lust

ESPRIT Handelsges mbH
Breitenfurter Str. 372
1230 Wien
Tel. 01 385 11 73
VAT-ID: AT038144307

Filiale:1916 Kasse:01 Kassierer:1002
Bon:34913 Datum:10.02.2021 Zeit:09:39:51

---

| | |
|---|---|
| Attendant-Id: | 0 |
| ECR-Id: | 1 |
| ECR-Seq: | 1626 |
| EFT Ref-No: | 00071552 |

Buchung VISA Credit Contactless
XXXXXXXXXXXX0020

| | |
|---|---|
| 10.02.2021 | 09:39 |
| Trm-Id: | 31443757 |
| Akt-Id: | 990 |
| AID: | A0000000031010 |
| Trx. Seq-Cnt: | 00071552 |
| Trx. Ref-No: | 56740555898 |
| Auth. Code: | 004794 |
| Acq-Id | 08999100200 |
| 5BDF2054DE5447639BE14D46C04155FA | 2 |

Total-EFT EUR: 19.99

mehr haben, bis ihnen die Einfälle ausgehen oder bis Sie am Rande des Blattes angekommen sind. Kehren Sie immer wieder zum Ausgangswort zurück – bzw. zu einem Wort innerhalb der Assoziationskette, zu dem zwischendurch eine andere Assoziation aufgetaucht ist. So füllt sich ein Blatt Papier schnell mit zahlreichen Einfällen; möglicherweise entstehen auch Abzweigungen.

Als Variante können Sie einen Multicluster ausprobieren: Schreiben Sie zwei oder drei Ausgangswörter in die Mitte des Blattes – je nachdem, wie Ihr Thema strukturiert ist – und bilden Sie davon ausgehend Assoziationsketten, die in verschiedene Bereiche des Blattes ausgerichtet sind. Diese Variante kann noch interessanter sein, weil sich mehr Auswertungsmöglichkeiten, etwa Vergleiche, ergeben.

Nun folgt wieder der zweite Teil der Arbeit, die Auswertung: Lassen Sie den Cluster als Ganzes auf sich wirken, markieren Sie wichtige Wörter, ergänzen Sie sie bei Bedarf um weitere und kreisen Sie die Bereiche ein, bei denen Sie interessante Einfälle entdecken. Markieren Sie auch Zusammenhänge und Gegensätze durch Pfeilverbindungen. So entsteht ein Gesamtwerk, das weit über das erste Notieren von Assoziationen hinausgeht.

## Gedanken- und Fokussprint

Der Gedankensprint und der Fokussprint (Scheuermann 2013a) sind Basistechniken des Schreibdenkens. Sie haben Tradition und möglicherweise werden sie Ihnen unter anderen Namen und in ähnlicher Form wiederbegegnen oder schon begegnet sein: etwa als automatisches Schreiben in der Psychotherapie, um Unbewusstes zutage zu fördern; als *écriture automatique* der französischen Surrealisten, als *freewriting* im Kontext der Hochschuldidaktik von Elbow (1998a) ausgearbeitet. Ich unterscheide den Gedankensprint vom Fokussprint, um vollkommen freies Drauflosschreiben von der Fokussierung auf ein Thema zu trennen. Mit Gedanken- und Fokussprints können Sie Ihre innere Sprache unverstellt dokumentieren. Sie starten damit gut in eine Schreibeinheit und können sich zwischendurch beim Schreiben kurz einmal lockern. Gerade ein Gedankensprint ist zudem gut geeignet, um sich von überflüssigem Gedankenballast zu befreien.

Ich wende den Fokussprint immer in meinen Seminaren und auch oft im Einzelcoaching an. Der Effekt ist stets der gleiche: Die Teilnehmenden sind begeistert. Nachdem sie vorher möglicherweise gemurrt haben, wie sie denn fünf Minuten lang am Stück so viel schreiben sollen, so sind sie - wenn ich das Ende der Schreibzeit ankündige - unwillig, dass sie jetzt schon aufhören müssen. Von vielen Teilnehmenden weiß ich, dass sie die Technik fest in ihren Schreiballtag integrieren.

**Übung „Gedanken-/Fokussprint" – ca. 6 Minuten**

Nehmen Sie ein leeres Blatt Papier und Stift zur Hand oder öffnen Sie eine neue Datei. Wenn Sie möchten, platzieren Sie eine Uhr in Sichtweite, vielleicht sogar eingestellt auf eine Weckzeit in fünf Minuten.

Schreiben Sie fünf Minuten lang Ihre Gedanken möglichst eins zu eins auf, so wie Sie sich in Ihrem Kopf formen.

Formulieren Sie so, wie es Ihrer inneren Sprache entspricht: zum Beispiel in Satzfragmenten, in vollständigen Sätzen, oder in Stichwortketten.

Schreiben Sie so schnell wie möglich, ohne innezuhalten, ohne zurück zu lesen oder zu korrigieren und halten Sie erst inne, wenn die fünf Minuten um sind. Setzen Sie also den Stift nie ab und wenn Ihnen gerade nichts einfallen sollte, so wiederholen Sie einfach das letzte Wort, das Sie gerade geschrieben haben – und schon kommt ein neuer Gedanke.

Beim *Gedankensprint* schreiben Sie alles auf, was Ihnen gerade durch den Kopf geht.

Beim *Fokussprint* fokussieren Sie sich vorab auf ein Thema: Formulieren Sie eine Überschrift zu dem Thema, zu dem Sie Ihre Gedanken sammeln möchten. Die Überschrift kann eine Frage sein, auf die Sie Antworten suchen, ein Stichwort oder ein Satzanfang, den sie im Folgenden weiterschreiben möchten.

Beim Fokussprint haben Sie auch eine minimale Zensur: Falls Sie bemerken, dass Sie vom Thema Ihrer Überschrift abschweifen, kehren Sie sofort wieder zu Ihrem Fokus zurück, indem Sie sich darauf besinnen oder zum Beispiel die Überschrift neu aufschreiben.

Nun folgt die Auswertung – der wichtige zweite Schritt bei dieser und bei vielen anderen Schreibdenkübungen. Lesen Sie für die Auswertung Ihren Sprint noch einmal durch und markieren Sie das, was Ihnen wichtig erscheint. Fügen Sie an wichtigen Stellen bei Bedarf Kommentare hinzu.

Schreiben Sie zum Abschluss einen Kernsatz unter Ihren Sprint, der das Wichtigste kurz gefasst auf den Punkt bringt. Umranden Sie diesen Kernsatz zusätzlich.

**Abb. 7:** Fokussprint

## Schreibstaffel

Die Schreibstaffel (Scheuermann 2013a) ist die Fortführung oder Kombination mehrerer Fokussprints. Sie schreibdenken also in mehreren Staffelabschnitten. Am Ende des ersten Fokussprints übergeben Sie sich mit dem Kernsatz selbst den Staffelstab für den nächsten Fokussprint. Sie lassen die oberflächlichen Gedanken schnell hinter sich und dringen Schritt für Schritt in tiefere Denkschichten vor. Sie nähern sich immer mehr dem Kern dessen, was Sie ausdrücken möchten. Auch formulieren Sie Schritt für Schritt immer treffsicherer und sammeln Formulierungsvarianten, die Sie für Ihren Rohtext als Quelle nutzen können.

Die Schreibstaffel ist eine Langstreckenübung und erfordert eine gute Schreibkondition - Erschöpfungssymptome können auftreten. Ich wende sie deshalb nur manchmal in Seminaren an, nämlich dann, wenn genug Zeit zur Verfügung steht und die Teilnehmenden interessiert daran sind, für längere Schreibeinheiten eine hohe Konzentration aufzubieten und ihr Durchhaltevermögen zu trainieren.

**Übung „Schreibstaffel" – ca. 15–20 Minuten**

Beginnen Sie mit einem Fokussprint, markieren Sie danach das Wichtigste und notieren Sie dazu einen Kernsatz.

Übergeben Sie nun den Staffelstab: Nehmen Sie den Kernsatz als Überschrift für einen zweiten Fokussprint, den zweiten Abschnitt der Staffel, mit dem Sie einen wichtigen Gedanken aus Ihrem ersten Fokussprint vertiefen. Sie schreiben also wieder einen Fokussprint, lesen und markieren und schreiben einen zweiten Kernsatz.

Diesen nutzen Sie wiederum als neue Überschrift für einen dritten Fokussprint mit Kernsatz, der wiederum mehr in die Tiefe geht.

Notieren Sie noch einen vierten und letzten Kernsatz, der das Wichtigste aus der gesamten Schreibstaffel auf den Punkt bringt.

Als Variante können Sie auch eine Schreibstaffel absolvieren, bei der mehrere, voneinander unabhängige Fokussprints nebeneinander stehen. Den Staffelstab holen Sie immer neu aus der Überschrift ab, die Sie zu Beginn notiert haben. So schreibdenken Sie mit dem Ziel, mehrere Versionen Ihres Schreibthemas zu formulieren.

**Abb. 8:** Schreibstaffel „In die Tiefe schreiben"

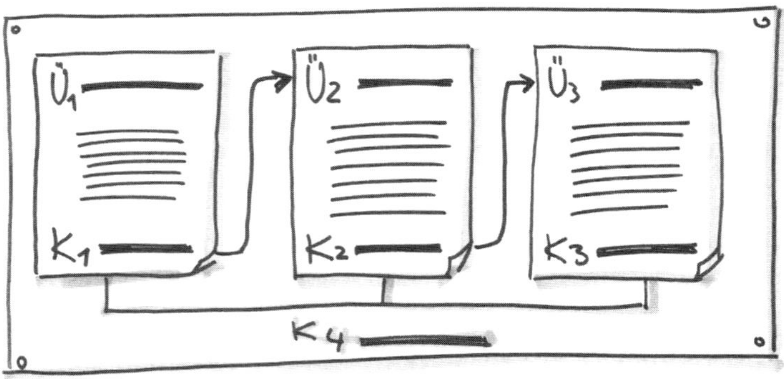

**Abb. 9:** Schreibstaffel „Versionen schreiben“

## 4.3 Denkwege

Während bei den Denkbildern die Kombination von Bild und Text das Schreibdenken prägt und bei den Schreibsprints das schnelle, kurze und freie Schreiben im Vordergrund steht, strukturieren und planen Sie bei den Denkwegen. Jeder hat andere innere Denkwege, die sich schriftlich auf verschiedene Arten abbilden lassen und so helfen, das eigene Denken und den Text zu strukturieren und vorab zu planen. Der Rote Faden wird sichtbar und Sie können ihm während des Rohtextens leichter folgen.

### Denkpfad

Als besonders freie Form, Denkstrukturen abzubilden, habe ich den Denkpfad entwickelt. Sie sehen Ihre ganz persönlichen Denkwege vor dem inneren Auge, die sich nicht in die eine oder andere festgelegte Form bringen lassen. Für den Denkpfad orientieren Sie sich nicht wie bei den Schreibsprints am freien Fluss Ihrer Assoziationen, sondern an den inneren Wegweisern, mit denen Sie selbst Ihren Text gedanklich strukturieren. Sie strukturieren für den nächsten zu schreibenden Abschnitt, höchstens für ein Kapitel, also nicht für ein größeres Schreibvorhaben. Für Ihren späteren Rohtext könnten Sie sich dann an dem Denkpfad orientieren und ihn als Roten Faden nutzen.

Ich verwende den Denkpfad in Seminaren nur manchmal: wenn viele Teilnehmende von ihren Problemen berichten, eine Struktur vorauszudenken.

**Übung „Denkpfad" – ca. 5 Minuten**

Schließen Sie kurz die Augen und vergegenwärtigen Sie sich Ihr Schreibthema, zu dem Sie gleich schreiben möchten: der nächste Abschnitt oder das bevorstehende Kapitel. Versuchen Sie, erste Wegweiser in Ihrer Vorstellung zu erkennen, etwa Stichworte, Kurzüberschriften, Gliederungspunkte.

Notieren Sie nun auf einem Blatt Papier den Weg, der mit einzelnen Stationen die Struktur des bevorstehenden Textes abbildet – als wenn Sie einen Parcours, den Sie gleich entlang sprinten wollen, vorweg in seinen einzelnen Stationen ablaufen. Vielleicht entsteht eine Kette aufeinander folgender Elemente, die einem seriellen Wortsprint ähnelt. Vielleicht entsteht aber auch eine clusterartige Zusammenballung, mit Abzweigungen und Knotenpunkten an verschiedenen Stellen.

**Abb. 10:** Denkpfad

## Textpfad

Der Textpfad (Scheuermann 2013a) ähnelt dem Denkpfad, ist aber deutlich stärker an der späteren Textstruktur orientiert. Sie notieren dafür Strukturelemente und dazugehörige inhaltliche Stichpunkte. Sie können den Textpfad verwenden, um einen

Abschnitt so kleinteilig wie möglich zu planen und sich so ein Maximum an Orientierung für den nachfolgend auszuformulierenden Text zu geben. Der Schritt vom Planen zum Rohtexten wird dadurch sehr klein - und mit ihm die Hemmschwelle, mit dem Ausformulieren zu beginnen. Die entstehenden Texte sind klar strukturiert, damit besonders leserfreundlich und prägnant. Diese Wirkung fällt übrigens auf den Autor zurück: Wer strukturiert schreibt, den schätzt man in der Regel auch strukturiert denkend und handelnd ein.

Ich leite den Textpfad sehr häufig an, denn für die meisten Teilnehmenden ist er eine große Hilfe: Wer gerne drauflosschreibt, probiert sich einmal mit einem ungewohnten Vorgehen aus; wer gerne plant, kann die planerischen Kompetenzen erweitern und verfeinern.

**Übung „Textpfad" – ca. 5 Minuten**

Notieren Sie auf einem Blatt Papier erst einmal eine Überschrift für den Abschnitt, den Sie mit dem Textpfad planen wollen.

Formulieren Sie auf der linken Seite des Blattes untereinander mit etwas Abstand die Strukturelemente in Stichpunkten, die Ihr Textabschnitt enthalten soll. Etwa so: Sie wollen mit einer starken These in den Abschnitt einsteigen – Sie schreiben das Wort „These" auf. Daran anschließend möchten Sie zwei Argumente zu dieser These ausführen – Sie schreiben unter die These „Argument 1", darunter „Argument 2". Dann folgt vielleicht ein Beispiel, und so weiter.

Sie können die Strukturelemente mit einer Linie verbinden und durch Umrandungen markieren: Verwenden Sie verschiedene Formen für die Umrandung, etwa eine Raute für alle Argumente, eine Ellipse für Ein- und Ausstieg, Wolkenformen für Beispiele. Zumindest für visuell orientierte Schreibende ist das eine Hilfe, um beim anschließenden Rohtexten noch leichter den Überblick zu behalten.

Sobald Ihre Strukturelemente feststehen, schreiben Sie rechts neben jedes Strukturelement Stichpunkte zu den Inhalten.

**Abb. 11:** Textpfad

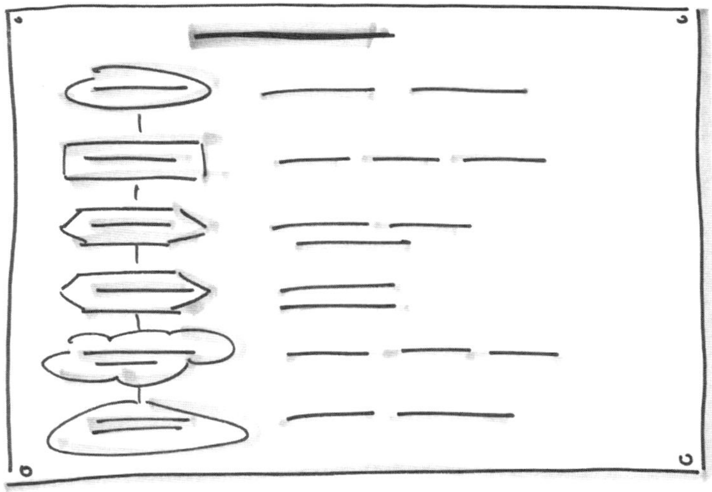

## Gedankenlandkarten

Gedankenlandkarten nenne ich alle Arten von Gliederungsdarstellungen, die visuelle Elemente mit einbeziehen. Wie auch immer Sie am liebsten Ihre Gliederung darstellen – wenn Sie Strukturen sprachlich *und* bildlich darstellen, erhöhen Sie damit gerade für komplexe und größere Schreibprojekte wie wissenschaftliche Arbeiten Ihre Denkleistung und gewinnen schneller einen besseren Überblick über Ihr Schreibprojekt. Bildlich dargestellte Strukturen prägen sich zudem leichter ein. Auch ungewöhnliche Strukturierungsideen lassen sich so leichter entwickeln.

Die bekannteste Alternative zum herkömmlichen Gliedern ist das Mindmapping (Buzan & Buzan 2005), das Sie gleich in einer Übung kennenlernen. Dabei schreiben Sie Ihr Kernthema in die Mitte, davon ausgehend ordnen Sie die Aspekte des Themas sternförmig und mit Verzweigungen an. Diese Darstellungsform ist der Denkweise des Gehirns nachempfunden. Buzan kritisiert die herkömmliche lineare Darstellungsform als nicht zur Arbeitsweise des Gehirns passend, denn dort befinden sich Schlüsselbegriffe im Zentrum des Denkvorgangs und nicht am oberen Rand, wie bei der linearen Gliederung (Buzan 1993:100).

Ich bitte meine Seminarteilnehmenden häufig, die Gliederung ihres aktuellen Schreibprojektes als Mindmap darzustellen, anschließend einer weiteren Person diesen Gliederungsentwurf vorzustellen und mit Feedback, Fragen und Vorschlägen für Alternativen, Ergänzungen und Kürzungen darüber zu diskutieren.

**Übung „Mindmap" – ca. 5–15 Minuten**

Nehmen Sie möglichst ein DIN-A3-Papier, sodass Sie nicht durch die Maße des Blattes beschränkt werden. Alternativ verwenden Sie eine Software. Da wissenschaftliche Gliederungen immer flexibel bleiben sollten, empfehle ich das grundsätzlich, falls Ihnen das Mindmapping zusagt und Sie weiter damit arbeiten wollen.

Schreiben Sie in die Mitte eines Blattes ein Wort oder einige Wörter, die Ihr Schreibthema repräsentieren.

Zeichnen Sie dann ausgehend von diesem Kernwort Äste, die in verschiedene Richtungen abzweigen.

Platzieren Sie auf diesen Ästen im Uhrzeigersinn ihre Überschriften der ersten Gliederungsebene – also etwa die Kapitelüberschriften.

Davon lassen Sie die zweite Gliederungsebene abzweigen, die Sie ebenso mit Überschriften versehen. Je nach Gliederungstiefe fügen Sie beliebig viele weitere Unterzweige in der jeweils nächsten Gliederungsebene hinzu.

Nun können Sie noch Verbindungslinien einzeichnen, wenn Sie Zusammenhänge zwischen einzelnen Gliederungspunkten erkennen, die räumlich voneinander getrennt sind. Denn nicht immer lässt sich jeder Gliederungspunkt eindeutig zuordnen und so können Sie Parallelen und Unklarheiten auf einen Blick erkennen und später eventuell anders lösen.

Arbeiten Sie mit Farbe, Form und Bild: Färben Sie etwa jeden Hauptast mit seinen weiteren Ebenen in einer anderen Farbe ein, versehen Sie jedes Thema der ersten Ebene mit einem eigenen Symbol oder einem Bild und umranden Sie zentrale Inhalte zum Beispiel zusätzlich mit einem farbigen Stift.

Eine andere Möglichkeit ist die erweiterte lineare Gliederung. Dabei reichern Sie Ihre herkömmliche Gliederung mit visuellen Elementen an: Symbole, Bilder und Verbindungslinien, Farben und verschiedene Schriften. Das geht sowohl am Computer als auch auf Papier.

Eine dritte Variante ist die Kartengliederung. Damit schaffen Sie sich eine Möglichkeit, kreativ und komplex zu denken, mit Papier zu arbeiten und insbesondere große Schreibprojekte zu überblicken. Ich kenne WissenschaftlerInnen, die über Monate und Jahre hinweg ihre Gliederung an einer Wand ihres Büros visualisiert haben und sie immer wieder umbauen – parallel zu ihren Denkprozessen und ihren sich weiterentwickelnden Forschungsergebnissen.

**Übung „Kartengliederung" – ca. 10 Minuten, je nach Umfang**

Bereiten Sie eine freie Wand oder eine Pinnwand vor.

Notieren Sie jeden Gliederungspunkt Ihres Schreibprojektes auf verschiedenfarbigen Karten mit mehreren Stiftfarben: Verwenden Sie verschiedene Farben für unterschiedliche Gliederungsebenen.

Befestigen Sie diese Karten an der Wand mit Pinnadeln oder wieder ablösbaren Klebepunkten – also so, dass Sie jederzeit leicht ihre Position verändern können.

## Roter Faden

Mit dem Roten Faden (Scheuermann 2013a) gehen Sie den Zwischenschritt vom Strukturieren zum Rohtexten, indem Sie erste ausformulierte Sätze zu jedem Gliederungspunkt zügig und möglichst in einem Anlauf herunterschreiben. Die unterschiedlichsten SchreibdidaktikerInnen empfehlen dieses Vorgehen (z.B. Elbow & Belanoff 2002). Schreibende bauen damit die Hemmschwelle ab, in den Rohtext einzusteigen und gewinnen schon früh den Überblick über das eigene Schreibprojekt. In der Rohtextphase können Sie dann leicht immer wieder auf diesen Roten Faden zurückgreifen, insbesondere wenn Sie Gefahr laufen, abzuschweifen oder wenn Sie nicht mehr weiterwissen. Wer vorab einen Roten Faden schreibt, verschafft sich zudem das gute Gefühl, zu allen Punkten schon etwas sagen zu können.

Ich setze den Roten Faden ein, wenn die Teilnehmenden schon einen Gliederungsentwurf haben, zugleich aber viele von ihnen geäußert haben, dass sie das Rohtexten aufschieben und sich wünschen, endlich mit dem Ausformulieren von Text zu beginnen. Der Rote Faden erfordert ungefähr 30 Minuten hochkonzentrierte Schreibzeit. Für die Zeit des sogenannten „Suppenkomas" nach der Mittagspause wäre er also die unpassende Übung.

**Übung „Roter Faden" – ca. 20–30 Minuten**

Legen Sie Ihren Gliederungsentwurf bereit bzw. öffnen Sie die Datei mit Ihrer Gliederung.

Wenn Sie handschriftlich arbeiten, so verteilen Sie die Überschriften Ihrer Gliederung auf mehrere Blätter und lassen zwischen den einzelnen Überschriften Leerraum für jeweils drei Sätze. Auf einer Seite würde dann zum Beispiel stehen: 3, 3.1, 3.2 und 3.3.

Schreiben Sie möglichst zügig etwa drei Sätze zu jedem Gliederungspunkt. Fassen Sie in diesen drei Sätzen die Hauptaussagen zu jeder der Überschriften zusammen.

Achten Sie darauf, dass Sie im Schreibfluss bleiben und immer gleich das aufschreiben, was Ihnen zuerst einfällt. An manchen Stellen fehlen Ihnen sicherlich Informationen oder Ergebnisse, dann formulieren Sie einfach Vermutungen oder ersetzen Tatsachen durch frei erfundene Inhalte. Ziel ist, dass Sie einen Text ohne Leerstellen schreiben, der Ihnen – so intuitiv er auch ist – dennoch Orientierung bieten kann, wenn Sie in die kleinteiligere Arbeit des Rohtextens einsteigen.

Befestigen Sie Ihren Roten Faden auf Papier über Ihrem Schreibort an einer Wand, sodass Sie beim Rohtexten immer mal wieder einen Blick darauf werfen können.

## 4.4 Gemeinsam schreibdenken

In einer Lehrveranstaltung oder in einer Arbeitsgruppe, ja selbst bei Tagungen bieten sich Gelegenheiten, mit einer ganzen Gruppe neue Ideen und Gedanken entwickeln. Dies geschieht in der Regel im mündlichen Austausch. Doch bei mündlichen Diskussionen im Plenum treten introvertierte Teilnehmende oft kaum oder gar nicht in Erscheinung: diejenigen, die ungern im Vordergrund stehen, die weniger souverän reden, die etwas länger brauchen, um einen Gedanken zu formulieren oder auch diejenigen, die selbstunsicher sind. Gruppen-Schreibdenktechniken können dieses Missverhältnis ausgleichen. Nach dem Schreiben in der Gruppe kann auf demselben Niveau zum Beispiel durch das Vorlesen von Texten jede Person zu Wort kommen – für stillere Teilnehmende eine ungewohnte, oft sehr bestärkende Erfahrung.

## Inkshedding

Inkshedding (Hunt 2004) heißt so viel wie „Tinte ausschütten". Es ist eine Form des freien Schreibens, die aber nicht privat bleibt, sondern in einem vertrauten Kreis – etwa mit anderen Studierenden im Seminar – geteilt wird. Dabei denken die Teilnehmenden über eine Idee oder ein Thema gemeinsam schriftlich nach. Ziel ist, Schreiben als Form des Gesprächs mit sich selbst und mit anderen zu nutzen. Eine Grundregel des Schreibdenkens, dass die Texte privat bleiben, ist hier nicht mehr eingehalten. Sie können aber mit Ihren Studierenden vereinbaren, dass die Texte anonym weitergegeben werden, damit möglichst wenig Selbstzensur stattfindet.

Die Vorzüge sind mannigfaltig: Das Schreiben mit Inkshedding wird wie von selbst leserorientiert, weil die Lesenden nicht – wie sonst beim Schreiben – höchstens in der Vorstellung, sondern ganz real anwesend sind: der Sitznachbar, die Kommilitonin am Tisch weiter hinten, die Studienfreundin. Durch das Vorlesen von Textpassagen entfaltet sich im Seminar oft eine besondere, intensive Atmosphäre: Spannende Ideen werden laut. Die AutorInnen hören ihre eigenen Rohtexte und merken, wie wertvoll ihre Gedanken – laut und aus fremdem Mund gelesen – wirken und sind.

Ich setze Inkshedding gerne ein, wenn genug Zeit ist und wir gemeinsam neue Ideen entwickeln wollen. In englischsprachigen Ländern wird Inkshedding sogar bei Tagungen und Kongressen eingesetzt – immer dann, wenn das Ziel ist, möglichst viele Gedanken von verschiedenen Menschen zu einem Thema zu sammeln und weiterzuentwickeln.

**Übung „Inkshedding“ – ca. 30 Minuten, je nach Gruppengröße und Lehrsituation**

Sobald Sie zu dritt sind, können Sie Inkshedding einsetzen.

Einigen Sie sich in der Gruppe auf ein Thema, über das Sie mit Inkshedding schreiben möchten und besprechen Sie vorab die Inkshedding-Regeln, die Sie in dieser Übung kennenlernen.

Alle falten zuerst ein DIN-A4-Blatt vertikal in der Mitte und schreiben in leserlicher Schrift zu dem verabredeten Thema einen Fokussprint von ca. zehn Minuten Länge.

Unterschreiben Sie mit Ihrem Namen oder bleiben Sie anonym, darüber können Sie sich vorher in der Gruppe einigen oder die Entscheidung den Einzelnen überlassen.

Geben Sie nun alle Ihren Text einem beliebigen anderen Gruppenmitglied zum Lesen. Sie können die Texte auch erst einsammeln, mischen und wieder austeilen, um die Anonymität zu wahren.

Nun liest jede Person einen fremden Text in einer gemeinsamen stillen Lesezeit und markiert am Rand mit einem senkrechten Strich das, was sie besonders spannend, neu, aufregend, inspirierend findet.

Wer möchte, kann diese Textstelle zusätzlich kommentieren. Für das Lesen und Kommentieren gilt die wichtige Regel: Achten Sie stets nur auf spannende Inhalte und kommentieren Sie nur positiv. Etwa so: „Großartige Idee! Dazu fällt mir ein, man könnte auch ...“ Es geht also nie um Stil, Formfragen oder darum, einen Gedankengang abzuwerten. Alles ist auf die Weiterentwicklung von Inhalten und Ideen ausgerichtet.

Sobald alle gelesen und kommentiert haben, reichen sie ihren Text zum Lesen an eine weitere Person weiter, mindestens einmal, vielleicht auch noch ein weiteres Mal.

Zum Abschluss geht der Text mit den markierten und kommentierten Textpassagen an die Autorin oder den Autor zurück. Diese Person liest die markierten und kommentierten Passagen während einer Vorleserunde laut vor.

Achten Sie darauf, dass die Teilnehmenden in der Vorlesephase nicht kommentieren, sondern vorerst nur zuhören und die Texte auf sich wirken lassen. Viel zu schnell wollen die Beteiligten häufig in die Diskussion einsteigen und überdecken damit inspirierende Gedanken und Stimmungen.

Bei großen Seminaren mit über 15 Teilnehmenden gibt es Alternativen: Nicht jeder liest seine markierten und kommentierten Stellen vor, sondern zum Beispiel nur jede zweite oder dritte. Ich favorisiere die folgende Variante: Bitten Sie die Teilnehmenden, ihre Markierungen und Kommentierungen daraufhin zu prüfen und evtl. mit der Nachbarin abzusprechen, ob sie für die Gruppe zum Vorlesen besonders interessant und gehaltvoll sind – und nur diese vorzulesen. Eine weitere Möglichkeit: Jemand verschriftlicht die markierten und kommentierten Textstellen und beim nächsten Termin knüpfen Sie daran an.

Anschließend können Sie mit diesen Ergebnissen weiterarbeiten: Inkshedding ist ein Werkzeug für soziale Interaktion, vielleicht steigen Sie nun in eine Diskussion ein. Oder ein Thema wird ausgewählt und bei der nächsten Lehrveranstaltung thematisiert.

**Abb. 12:** Inkshedding

## Plakatwandern

Das Plakatwandern ist eine Schreibdenktechnik, bei der die Teilnehmenden in der Gruppe arbeiten und sich dabei bewegen, weil sie umherwandern. Sie schreiben zugleich in Einzelarbeit und steigen anschließend in die mündliche Diskussion ein. Ich habe es unter verschiedenen Namen, etwa „Brainwalking“ oder „Stummer Dialog“, in diversen Angeboten der Erwachsenenbildung kennengelernt. Sie nutzen beim Plakatwandern mehrere Vorteile: Sie bringen die Teilnehmenden in Bewegung, und das fördert das Denken. Sie bringen sie zum Schreiben und Nachdenken und Sie fördern die mündliche Kommunikation. Ein weiterer Effekt ist, dass die Teilnehmenden ein Wir-Gefühl erleben, weil sie innerhalb kürzester Zeit gemeinsam an einem Thema weitergearbeitet und dabei viele Ideen produziert haben.

Ich wende diese Übung gerne an, wenn es darum geht, viele Ideen parallel zu entwickeln und die Teilnehmenden maximal zu aktivieren, etwa in einem Konzentrations- oder Motivationstief.

**Vorbereitung und Übung „Plakatwandern“ – ca. 20 Minuten**

Bereiten Sie drei bis fünf Flipchart- oder Metaplan-Papiere vor: Schreiben Sie auf jedes der Blätter oben eine Überschrift: zum Beispiel eine These, eine Frage, eine provokative Behauptung oder ein Stichwort.

Befestigen Sie die Papiere an den Wänden des Seminarraums bzw. an Pinnwänden oder Flipcharts.

Bitten Sie die Teilnehmenden, von Papier zu Papier zu wandern, mit einem Flipchart-Marker in der Hand, und zu jeder der Überschriften auf den Papieren spontan Antworten zu formulieren. So wandern die Teilnehmenden von Plakat zu Plakat und schreiben überall in Stillarbeit ihre spontanen Assoziationen auf.

Sobald alle Teilnehmenden an allen Plakaten entlanggewandert sind, bitten Sie sie, jetzt noch einmal an den Plakatwänden entlang zu flanieren und sich die später hinzugekommenen Antworten der anderen Teilnehmenden durchzulesen.

Anschließend gehen die Teilnehmenden zu dem Plakat, das sie im ersten Schritt besonders interessiert oder angesprochen hat.

Dort versammeln sich auch die anderen, die sich für dieses Thema interessieren. Die jeweilige Kleingruppe steigt in eine Diskussion über das Plakatthema und die auf dem Plakat notierten Antworten ein. Diese Diskussion können Sie nach ca. zehn Minuten beenden.

Auswertungsvariante: Die Teilnehmenden lesen sich alle Plakatbeiträge durch und markieren den Beitrag, den sie für eine nachfolgende Plenumsdiskussion am interessantesten finden. Sie besprechen dann im Plenum die markierten Punkte.

Nachbereitung: Befestigen Sie die Plakate nach der Übung nebeneinander an einer Wand, sodass sie im weiteren Seminarverlauf sichtbar sind.

Da jede Person alle Beiträge liest, können Sie situationsabhängig entscheiden, ob ein mündlicher Austausch im Plenum sinnvoll ist. Generell gilt: Je gründlicher Sie mit Ihrer Teilnehmendengruppe einzelne Beiträge auswählen, desto tiefer können Sie in der Diskussion gehen, ohne die anderen Beiträge zu verlieren.

## Schreibdiskussion und Brainwriting

Eine Variante zum Plakatwandern und zum Inkshedding ist das Notieren von Ideen in einer Vierergruppe auf einem großen Papier, auf einer Papiertischdecke etc.:

**Übung Schreibdisskussion – ca. 20 Minuten**

Vier Personen sitzen um einen Tisch und notieren Gedanken auf ihrem Viertel des Papiers.

Anschließend rücken sie einen Platz weiter und lesen, ergänzen, erweitern und kommentieren das bereits Geschriebene.

Wenn viermal gewechselt wurde, lesen die Beteiligten entweder als interessant eingeschätzte Ausschnitte vor oder sie notieren zur Auswertung ihr persönliches Fazit, über das sie im Folgenden gemeinsam diskutieren.

Eine weitere Variante zur Ideenentwicklung stellt das Brainwriting dar. Sie ähnelt der bekannten mündlichen Kreativtechnik Brainstorming, hier sammeln die Teilnehmenden jedoch ihre Ideen in Ruhe und schriftlich.

**Übung Brainwriting – ca. 15 Minuten**

Die Teilnehmenden teilen ein Blatt Papier in drei Spalten auf und schreiben in die erste Zeile drei Ideen zu einem vorher festgelegten Thema.

Anschließend geben alle Teilnehmenden ihr Blatt an die nebensitzende Person weiter. Diese greift die genannten Ideen auf und fügt in der zweiten Zeile drei neue Ideen hinzu.

Zum Schluss kann jede Person die interessantesten Ideen markieren und diese im Plenum mitteilen, oder es wird nur eine Idee pro Person mitgeteilt oder die Blätter werden ausgelegt etc.

## 4.5 Notizstrategien

Beim Einkaufen, unter der Dusche oder auf dem Sportplatz: Dort melden sich oft die besten Einfälle. Es wäre ein großer Verlust, sie nicht dokumentieren zu können. Denn meistens sind diese guten Ideen auch schnell wieder vergessen, spätestens sobald Sie am Schreibtisch sitzen. Deshalb empfehle ich, immer und überall eine Möglichkeit zum Dokumentieren dabei zu haben, sei es in Form eines Notizbuches, eines Handys oder eines Diktiergerätes.

Ein Notizbuch, in das Sie hin und wieder unsystematisch hineinschreiben, was Ihnen gerade einfällt, ist die Minimalvariante des Notizenmachens. Sie können diese aber auch systematisieren. Eine Möglichkeit dafür sind Notizstrategien (Scheuermann 2011). Sie teilen dafür auf einer Seite bestimmte Bereiche für unterschiedliche Schreibtechniken auf. Auch hier habe ich den Grundsatz meines Schreibdenken-Ansatzes integriert, Schreibdenktexte immer auszuwerten und Kernaussagen zu treffen, die später sofort ins Auge springen.

**Anleitung „Notizstrategien“**

Wählen Sie eine Form aus, mithilfe derer Sie Ihre Ideen und Gedanken am liebsten aufschreiben möchten: Schreiben Sie gerne in ein Notizbuch? Oder wissen Sie ohnehin schon, dass Sie nur lose Blätter verwenden, die Sie irgendwann einmal abheften? Oder nutzen Sie am liebsten einen Tablet-PC?

Denken Sie darüber nach, was Sie an Ihrer Form des Schreibdenkens verbessern möchten. Würden Sie gerne mehr visualisieren? Oder haben Sie das Problem, dass Sie Ihre Notizen später nie mehr durchlesen, weil sie seitenlang und unübersichtlich geschrieben sind? Welche Ziele können Sie daraus für Ihr Schreibdenken ableiten, also etwa fokussierter oder konzentrierter zu schreiben?

Wählen Sie aus den folgenden Notizstrategien die Formen aus, die Ihnen helfen könnten, Ihre Schreibziele noch besser zu erreichen.

**Notizstrategie 1: Kernsätze**

Teilen Sie den untersten Teil jeder Seite durch eine Linie ab und schreiben Sie darunter für die jeweilige Seite einen zusammenfassenden Kernsatz, der das Wichtigste der gerade geschriebenen Seite auf den Punkt bringt.

Alternativ können Sie auch erst Ihren Text zu Ende schreiben, der möglicherweise über einige Seiten geht. Anschließend blättern Sie zurück und setzen an den Fuß jeder Seite den Kernsatz.

Der Nutzen dieser Kernsätze: Wenn Sie Ihre Aufzeichnungen später noch einmal durchblättern, so sehen Sie auf den ersten Blick, was das Wichtigste auf jeder Seite war. Hilfreich ist das insbesondere, wenn Sie sehr viel Text schreiben. Kaum jemand würde sich diese Textmenge wohl später noch einmal komplett durchlesen. Ein weiterer Nutzen: Wie bei anderen Auswertungen des Schreibdenkens werden Sie dazu angehalten, Ihre eigenen Gedanken abschließend noch einmal auf den Punkt zu bringen. Mit der Zeit fällt es Ihnen immer leichter, prägnant das Wesentliche zu formulieren.

**Notizstrategie 2: Perspektivenwechsel**

Zeichnen Sie eine vertikale Linie in die Mitte des Blattes. Beginnen Sie einen Dialog zu dem jeweiligen Thema Ihres Schreibprojektes oder eines Abschnittes.

Dieser Dialog könnte zwischen verschiedenen Personen stattfinden: etwa zwischen Ihnen und einem fiktiven Leser. Sie erfahren so, was die Lesenden an Ihrem Text wirklich interessieren und begeistern wird.

Oder schreiben Sie einen Dialog zwischen verschiedenen Anteilen Ihrer eigenen Person: etwa Ihrem motivierten Schreib-Ich und Ihrem inneren Kritiker.

Oder beginnen Sie einen Dialog zwischen Ihnen und einem Autor, von dem Sie gerade etwas gelesen haben. Vielleicht schreiben Sie dort Ihre gegensätzliche Position auf und diskutieren Ihre unterschiedlichen Argumente. So lernen Sie, Ihren Standpunkt zu schärfen und zu vertreten. Mehr zum Perspektivenwechsel lesen Sie im sechsten Kapitel.

**Notizstrategie 3: Denkskizze**

Die Denkskizze haben Sie weiter oben bei den Inneren Bildern kennengelernt. Sie verbinden dabei Text und Bild. Als Notizstrategie können Sie eine Denkskizze in Ihre Aufzeichnungen integrieren, indem Sie sie in die Mitte eines Blattes platzieren.

Beginnen Sie mit einer Denkskizze und schreibdenken Sie später außen herum. So gehen Sie einmal nicht von sprachlichen Assoziationen aus, sondern starten mit Bildassoziationen.

Machen Sie das ruhig einmal auf jeder Seite.

**Abb. 13:** Notizstrategien

Falls Sie gerne mit losen Blättern arbeiten, können Sie Vorlagen für verschiedene Notizstrategien im DIN-A4-Format zum Ausdrucken im Internet herunterladen (Scheuermann 2012).

# 5. Schreibdenken in der Lehre einsetzen – Motivation und Lehrsituation

In diesem Kapitel geht es um die Umsetzung von Schreibdenken in Lehrsituationen. Ich zeige, warum Schreibdenken zu besseren Ergebnissen führt als Gruppenaktivitäten wie etwa das Brainstorming. Im Anschluss mache ich Vorschläge, wie sich Studierende zum Schreibdenken motivieren lassen, wenn sie mit den Methoden noch nicht vertraut sind. Ich nenne Strategien, wie sich mit Schreibdenken im Seminarverlauf Lehr- und Lernziele erreichen lassen. Schließlich erfahren Sie, wie Sie Schreibdenken auch für Lernaktivitäten außerhalb des Präsenzseminars anleiten können.

## 5.1 Welche Bedeutung Einzelarbeit für die Lehre hat

An der Hochschule ist ein Seminar ohne lebhafte Gruppendiskussion für viele Lehrende wie Studierende kein gutes Seminar gewesen, ungeachtet dessen, dass meist immer die Gleichen reden und dass bei den Diskussionen nicht immer gute Ergebnisse erzielt werden. Für die 30 bis 50 Prozent Introvertierten, die unter uns weilen, ist diese Lernform in Lehrveranstaltungen wenig förderlich, weil sie auf die Interaktion mit anderen Personen ausgerichtet ist. Die Phase des stillen Ideensammelns für sich allein fehlt meist. Daher sind Introvertierte benachteiligt, denn diese brauchen länger als Extravertierte, um ihre Gedanken zu fokussieren und Ideen zu sammeln. So empfiehlt etwa Susan Cain (2001:390) Frontalunterricht, Stillarbeit und Einzelarbeit, um für Introvertierte günstige Bedingungen für kreative Leistungen und Lernen zu schaffen.

Doch nicht nur für Introvertierte ist die konzentrierte Einzelarbeit der Gruppenaktivität häufig überlegen. So konnte etwa für das in der Lehre sehr häufig eingesetzte Brainstorming

(Osborn 1948) der Nachteil der Gruppenarbeit bereits in den 1960er Jahren nachgewiesen werden. Brainstorming ist eine gruppenorientierte Kreativtechnik, bei der die auf Zuruf geäußerten Einfälle der Gruppenmitglieder unbewertet an der Tafel dokumentiert werden. In Einzelarbeit produzieren die Gruppenmitglieder mit derselben Methode des freien Einfalls durchweg mehr und qualitativ gleiche oder hochwertigere Ideen (Dunnette 1963). Heute existieren zahlreiche Studien, die das Ergebnis immer wieder bestätigen: Mit steigender Gruppengröße bringen die Teilnehmenden weniger und schlechtere Ideen hervor (Cain 2011:141).

Warum schneiden die Gruppenaktivitäten für die Ideenentwicklung so viel schlechter ab? Drei Faktoren führen zu den schlechteren Resultaten (Cain 2011:243): Erstens die „Soziale Faulenzerei" – jeder Einzelne lehnt sich eher zurück und lässt die anderen arbeiten. Zweitens die „Produktionsblockade" – nur jeweils einer kann sprechen, das Warten bis zum Äußern der eigenen Idee lässt die Ideenproduktion stocken. Und drittens die „Bewertungsangst" – keiner möchte vor den anderen Teilnehmenden dumm dastehen. Diese Angst besteht ganz ungeachtet aller Grundregeln bei Kreativtechniken, dass die Ideen anderer nicht bewertet werden. Doch der Einfluss der Bewertungsangst in Gruppensituationen geht noch viel weiter. Immer wieder bestätigt sich, dass Menschen sich der Meinung dominanter Gruppenmitglieder oder der Mehrheit anschließen und dann in Experimenten deutlich mehr falsche Antworten geben (Cain 2011:144). Heute lassen sich mit MRT-Scans des Gehirns die Aktivitäten der verschiedenen Gehirnregionen messen. So sind Rückschlüsse möglich, auf welcher Grundlage Entscheidungen getroffen werden. Der Neurowissenschaftler Gregory Berns (2008) fand heraus, dass die Personen, die sich an die Gruppenmeinung anschließen, dies nicht tun, *obwohl* sie wissen, dass sie eigentlich eine andere Meinung haben und sich dann anpassen – aus persönlicher Unsicherheit oder um nicht als Abweichler dazustehen. Vielmehr ist ihre Wahrnehmung tatsächlich verändert und sie glauben, beeinflusst durch die Gruppenmeinung, dass das, was sie meinen, zufällig der Gruppenmeinung entspricht (Cain 2011:146f.). Geht allerdings doch die eine oder andere Person nicht konform mit der Gruppenmeinung, ist dies mit starken Stressreaktionen verbunden, etwa der Angst vor Ablehnung. Auch andere Forschungsergebnisse belegen immer wieder, dass Einzelarbeit viel eher zu kreativen Höchstleistungen motiviert als die Arbeit in Teams und „dass die kreativeren Menschen Introvertierte waren, die den Umgang mit anderen souverän beherrschten“ (Cain 2011:120).

Diese Ergebnisse sollten uns zu denken geben, wenn wir den Gruppenaktivitäten für die Ideengenerierung unhinterfragt den Vorzug gegenüber Einzelaktivitäten geben. Und sie sollten uns dafür interessieren, welche Alternativen sich bieten.

Schreibdenken ist ein Weg, um Studierende mit Einzelarbeit zu kreativen Höchstleistungen zu führen und zu motivieren – und das mitten in Lehrveranstaltungen mit kleiner bis sehr großer Gruppengröße. Studierende steigen für eine begrenzte Zeit – oft nur fünf bis zehn Minuten – aus dem auf die Gruppe orientierten Lernprozess aus. Sie orientieren sich konzentriert nach innen, auf die eigenen Denkvorgänge und Impulse, die ganz andere sein können als jene, die die Interaktion in der Gruppe auslöst. So stellt die Einzelarbeit mit Schreibdenken eine grundlegende Erweiterung der Lernmöglichkeiten dar und kommt zudem den unterschiedlichen Temperamenten der Studierenden entgegen.

Die Vorzüge von Schreibdenken als Methode, die in Einzelarbeit funktioniert, liegen auf der Hand. Doch wie kann es gelingen, Menschen zum Schreibdenken zu motivieren, die noch keine (positiven) Erfahrungen damit gemacht haben?

## 5.2 Wie Sie Schreibdenken einführen und anleiten

Was tun, wenn Sie auf Abwehr treffen, wenn Studierende Ihren guten Ideen für Schreibdenken mit Vorbehalten begegnen oder sie als „Kreativ-Spielchen“ abtun? Für das Schreibdenken benötigen Sie eine Haltung Ihrer Studierenden, die von Neugier, Bereitschaft zum Ausprobieren und einer grundsätzlichen Schreibbereitschaft geprägt ist. Darauf können Sie zu Beginn Ihrer Lehrveranstaltung nicht unbedingt bauen. Da gibt es auch mal die müde, lustlose und auf Wissenskonsum orientierte Stimmung mit wenig Bereitschaft, einen Stift in die Hand zu nehmen und eine unkonventionelle, kreative, gar visuelle Darstellungsform auszuprobieren. Manche Studierende meinen auch, wer nicht schreiben könne, habe an der Hochschule nichts zu suchen, und Schreiben würde und müsse in der Schule gelernt werden. Solche Einwände können eine schaffensfreudige Stimmung als Basis für Schreibdenk-Übungen stark beeinträchtigen bzw. zerstören. Gerade bei Schreibaufgaben gibt es immer eine gewisse Hemmschwelle, zum Stift oder Laptop zu greifen, mehr als bei mündlichen Kommunikationsformen. Schon allein das Wort „Schreiben" löst bei vielen eine Abwehrhaltung aus. Die folgenden Vorschläge können Ihnen helfen, anfängliche Widerstände oder Gleichgültigkeit in Neugier und Experimentierfreude zu verwandeln, wenn Sie Ihre Teilnehmenden zum Schreibdenken motivieren wollen:

- Die sicherste Basis, um überzeugend zu motivieren, ist die eigene positive Schreiberfahrung: Erfahren Sie selbst das Schreibdenken als gewinnbringend. Wie bei allen anderen Themen kann die eigene Begeisterung dieselbe auch bei anderen wecken. Wenn Sie immer wieder neu erleben, wie produktiv Schreibdenken für Sie ist, so vermittelt sich diese Erfahrung Ihren Teilnehmenden.
- Etablieren Sie Schreibdenken als Routine in Ihrer Lehre, zum Beispiel immer zu Beginn, etwa mit einem Seriensprint oder einem Fokussprint. Schreiben und Schreibdenken werden so zur normalen, alltäglichen Handlung. Bei der ersten Gelegenheit murren womöglich noch einzelne Teilnehmende, erfahrungsgemäß überwiegen spätestens nach den ersten Versuchen die positiven Stimmen.
- Kündigen Sie das Schreibdenken entweder mit guten Argumenten und als große Neuerung an – oder leiten Sie dazu gerade schnell und nebenbei an. Wofür Sie sich entscheiden, hängt auch von Ihrer Intuition und Ihren Vorlieben ab. Für ein Nebenbei-Anleiten würde sprechen, dass Schreibdenken letztlich nichts anderes als jede andere, unvertraute Seminarmethode ist. Wer kein Aufhebens darum macht, erzeugt womöglich auch keine Widerstände.
- Reflektieren Sie Ihre möglicherweise vorhandenen eigenen Widerstände gegenüber dem Schreibdenken: Gibt es bei Ihnen selbst evtl. eine Unsicherheit bezüglich des Nutzens der Methode? Welche (negativen) Erfahrungen haben Sie in anderen Lehrsituationen gemacht, wenn Sie neue Methoden eingeführt haben? Gibt es eventuell eine Negativerwar-

tung? Wie gut oder schlecht halten Sie die Stille und die fehlende Rückmeldung aus, die in den Schreibphasen entsteht? Wie reagieren Sie selbst, wenn Sie als Teilnehmende zum Ausprobieren einer neuen Methode angeleitet werden?

- Probieren Sie immer alle Übungen mit den Teilnehmenden sofort aus. Nur darüber zu erzählen reicht nicht. Die Gefahr ist dann groß, dass die Übung nie angewendet wird. Die meisten Schreibdenk-Übungen sind äußerst kurz, gelingen ohne weitere Hilfsmittel und sind recht einfach durchzuführen. Genau so können Sie auch argumentieren: „Probieren Sie diese Übung einfach einmal aus, sie dauert ja nur wenige Minuten und geht ganz leicht, und ob sie Ihnen gefällt oder nicht, das entscheiden Sie hinterher."
- Erzählen Sie von Ihren eigenen positiven Erfahrungen mit dem Schreibdenken. Dadurch schaffen Sie günstige Bedingungen für eine hohe Schreibmotivation. Immer, wenn der Nutzen einer Aufgabe vorab gezeigt wird, schwinden die Widerstände. Nach meiner Erfahrung öffnen Teilnehmende zudem immer dann ihre Ohren besonders weit, wenn der oder die Lehrende von sich erzählt; sie nehmen an, dass die Lehrperson ein höheres Kompetenzniveau in Bezug auf das Lernthema hat und somit die weitergegebenen Erfahrungen auch wertvoll für sie selbst sein werden.
- Weiter differenzierte Nutzen-Argumente überzeugen meist noch die letzten Zweifler. Sie können Sie selbst nennen, oder Sie sammeln sie im Gruppenprozess, nachdem erste Schreibdenk-Erfahrungen vorliegen. Es könnte zum Beispiel jede Person eine These zum Nutzen mit drei Argumenten bzw. Beispielen stützen. So hätten Sie ganz nebenbei auch noch eine Übung zum Argumentieren integriert.
- Weitere Nutzen-Argumente für zweifelnde Teilnehmende können etwa folgende sein:

Sie müssen Ihren Text nicht vorlesen. So können Sie ganz unzensiert schreiben und sich selbst beim Denken zusehen. Das ist für die meisten eine neue, positive Erfahrung.

Mit Schreibdenken deckt man implizites Wissen auf, das sonst verborgen bleiben würde. Nicht alles Wissen ist sofort zugänglich, wenngleich es im Gedächtnis vorhanden ist. Schreibdenken hilft Ihnen also dabei, Zugang zu Ihrem Wissen zu erlangen und es für Ihre weiteren Gedankengänge zu nutzen.

Sie lernen eine neue Art der Reflexion kennen. Neue Methoden erweitern generell die eigenen Kompetenzen.

Sie denken beim Schreiben sehr konzentriert. Das können Sie als Denkstrategie auch auf andere Denkformen übertragen. Es gibt also einen Übungseffekt, der Ihnen hilft, generell konzentrierter einen Faden zu verfolgen. Das fehlt beim Denken ohne Hilfsmittel oft.

Sie können beim Schreiben erst einmal für sich allein denken. Das ist für ungefähr die Hälfte aller Menschen, die eher innenorientiert sind – Introvertierte – hilfreich, um in Ruhe Gedanken zu entwickeln. Darüber reden tun wir später – und sind dann alle auf dem gleichen Stand.

Mit Schreibdenken erleben Sie eine Abwechslung von vertrauteren Methoden.

Sie bauen mit dem Schreibdenken im Seminar Ihre Schreibhemmungen ab. Das hilft Ihnen für die nächste Hausarbeit und für die Abschlussarbeit.

Schreiben ist eine Schlüsselkompetenz, die immer mehr an Bedeutung gewinnen wird. Im deutschsprachigen Raum hinken wir der internationalen Entwicklung eher hinterher. Mit diesen Übungen knüpfen Sie also an internationale Entwicklungen an.

Und wie lassen sich Schreibdenkübungen nun konkret anleiten? Mit der folgenden Liste sind Sie gut vorbereitet:

Nennen Sie den Namen der Übung, die Sie gleich machen werden, ruhig mit etwas „Brimborium“. Das macht die Studierenden neugierig.

Betonen Sie den Charakter des Neuen und Unkonventionellen der Übung.

Erklären Sie den Nutzen der Übung.

Sagen Sie dazu, dass die Übung kurz und schnell geht, das unterstreicht den niedrigschwelligen Ansatz.

Erklären Sie alle Übungsschritte einmal vorab und Schritt für Schritt.

Machen Sie vor, wie Sie selbst Schreibdenken. Entweder Sie tun das mündlich oder Sie lesen oder zeigen einen Schreibdenktext von sich selbst vor. Das entlastet die Studierenden davon, sofort großartige

Texte produzieren zu müssen. So bekommen die Studierenden eine bessere Vorstellung davon, wie Schreiben im Prozess funktioniert und dass Zwischenstadien sowie unfertige Textprodukte zum Schreibprozess dazugehören. Das Verständnis von Schreiben als Prozess wächst.

## 5.3 Wie Sie Lehr-Lernziele mit Schreibdenken erreichen

Zu welchem Zweck bzw. zu welchem Ziel soll die jeweilige Technik des Schreibdenkens eingesetzt werden? Der Einsatz der Schreibdenktechniken ist orientiert an Lehr-Lernzielen (Ritter-Mamczek 2011:22; Bachmann 2011). In Kapitel 2 habe ich einige typische Schreibprobleme genannt, die mir immer wieder als „Standardprobleme" bei wissenschaftlich Schreibenden und Lehrenden begegnen, die Schreibende als Probleme nennen und aus denen sie ihre Lernziele ableiten. Es kommen weitere hinzu, die ich gemeinsam mit Lehrenden als Ziele für Lehrveranstaltungen entwickelt habe. Für einige dieser Lehr-Lernziele mache ich nun jeweils Vorschläge, wie sie mit Schreibdenken erreicht werden können, insbesondere für diejenigen, die sich nicht auf die direkte Erweiterung von Schreibkompetenz, sondern eher auf die Lehr-Lernsituation beziehen. Alle Schreibdenktechniken tragen natürlich immer auch dazu bei, jenseits der Seminarsituation besser schreiben zu lernen.

Die vorgestellten Techniken sind eher exemplarisch gemeint - suchen Sie sich aus dem Methodenkoffer im vierten Kapitel alle diejenigen zusammen, die Ihnen am meisten zusagen bzw. Ihnen besonders geeignet erscheinen.

### Die Stimmung beruhigen und fokussieren

In besonderen Situationen können Sie mit einem *Gedankensprint* die Teilnehmenden dazu anregen, ablenkende Denkinhalte niederzuschreiben und damit beiseitelegen zu können - innerlich wie äußerlich. Etwa dann, wenn Sie aufgeregte oder überaktive Teilnehmende zur Ruhe bringen möchten oder wenn ein tagesaktuelles Thema sich im Bewusstsein aller Beteiligten in den Vordergrund drängt. Dazu ein Beispiel: In den Minuten vor Beginn eines Seminartages zum Thema „Wissenschaftliches Schreiben für Promovierende" war eine angeregte Diskussion zum Thema „Plagiate" entbrannt. Der aktuelle Anlass war die Guttenberg-Affäre. Ich ahnte schon, dass ich mit meinen üblichen Begrüßungssätzen diesmal nicht durchdringen würde. Ich überlegte: Das Thema „Plagiat" passte zum Seminarthema. Andererseits wollte ich möglichst zügig mit den geplanten Inhalten vorankommen, denn wir hatten an diesem zweiten Seminartag noch viel vor. Was hatte Vorrang? Ich bat die Teilnehmenden, drei Minuten lang mit einem Gedankensprint aufzuschreiben, was sie persönlich momentan besonders beschäftigte. Danach war die Stimmung eine vollkommen andere: ruhig, gesammelt, konzentriert. Nun fragte ich die Teilnehmenden, wer über die Plagiatsaffäre geschrieben habe. Allgemeines Kopfschütteln. Ein Thema, das in der mündlichen Diskussion riesengroß schien, hatte die Teilnehmenden offensichtlich doch weniger tiefgehend beschäftigt, als es erst den Eindruck erweckte. In dem Seminar war das Thema damit erledigt. So können Sie mit dem Gedankensprint wichtige Ziele für Ihre Studierenden erreichen: den Kopf zu klären, von Gedankenballast zu befreien, sich auf ein Thema zu konzentrieren und sich darauf vorzubereiten, neue Lerninhalte aufzunehmen.

## Eigene Lern- und Schreibprozesse und persönliche Schreibstrategien reflektieren und verstehen

Grundsätzlich ist Schreibdenken sehr gut geeignet, um auf der Metaebene zu reflektieren. So denken Schreibende darüber nach, was sie tun, während sie lernen und schreiben. Sie schauen sich quasi selbst zu und denken über ihr Handeln nach. Perspektivenwechsel sind dafür eine sehr gute Möglichkeit, umgesetzt etwa mit einem *Inneren Bild*, bei dem sich jemand vorstellt, er wäre der innere Berater seiner selbst oder der Schreibtisch des Schreibenden, der davon berichtet, wie der Schreibende daran schreibt. Auch ein *Fokussprint* kann hierbei hilfreich sein.

## Neue Ideen und Gedanken zu einem Thema entwickeln bzw. implizites Wissen und das persönliche Interesse hervorlocken

Zu Beginn einer Veranstaltung sind Schreibdenktechniken hervorragend geeignet, um Ideen zum aktuell bevorstehenden Thema zu entwickeln und Fragen zu diesem Thema zu formulieren. Vielen Lernenden fehlt zu Beginn die Möglichkeit, kurz zu reflektieren, was ihre ganz eigenen Fragen und Interessen bezüglich des Themas sind. Der Bezug zur eigenen Frage steigert das Interesse und die Motivation der Studierenden. Sie fokussieren und konzentrieren sich auf das Seminarthema und stimmen sich inhaltlich auf das Bevorstehende ein. Das ist umso wichtiger, als viele Teilnehmende Pflichtseminare besuchen. Wenn Sie zum Beispiel einen *Fokussprint* anregen mit der Überschrift „Was mich heute an [Seminarthema] besonders interessiert“, so werden die Teilnehmenden mit einem Mal ihre persönlichen Interessen oder Fragen formulieren. Sie könnten auch zu einem *Seriensprint* anregen, bei dem sie fünf- bis siebenmal denselben Satzanfang assoziativ gesteuert fortführen. Die Formulierung des Satzanfangs könnte lauten: „Ich frage mich ...“, „Mir fällt zu [Seminarthema] ein, dass ...“ oder „Ich möchte erfahren ...“. Aber auch andere *Schreibsprints* und *Denkbilder* eignen sich gut zum Ideen-Entwickeln.

## Gemeinsam denken

Eine interessante Schreibdenkform für gemeinsames Denken im Seminarverlauf ist das *Inkshedding*. Alle Studierenden teilen damit neue und inspirierende Gedankengänge mit den anderen Studierenden. So erzeugen Sie eine inspirierte, gesammelte und konzentrierte Stimmung, die die Gedanken jedes einzelnen gleichermaßen achtet und zur Geltung bringt. Auch das *Plakatwandern* kann eine produktive Gruppenstimmung erzeugen.

## Komplex und konzentriert, kreativ und frei denken

Im Seminarverlauf ebenso wie beim Schreiben einer Arbeit möchten viele einen komplexen Sachverhalt erst einmal konzentriert für sich allein weiter denken und dabei kreativ und frei denken. Auch dafür eignen sich alle Schreibdenktechniken hervorragend. Der *Fokussprint* oder die *Schreibstaffel* bieten gute Möglichkeiten, konzentriert bei der Sache zu bleiben und ohne Abschweifen immer weiter oder tiefer zu denken. Auch die Gedankenlandkarten wie etwa eine *Mindmap* helfen dabei, die Komplexität eines Themas darzustellen und alle Aspekte parallel mitzudenken. Der *Denkpfad* oder der *Textpfad* üben darin, eigene Argumente konzentriert und Schritt für Schritt vorzudenken.

## Argumente für eine differenzierte Diskussion sammeln sowie sicher und vorausdenkend strukturieren und argumentieren

Damit bei einer Diskussion nicht alle auf einmal und nicht jeder sofort drauflosredet, sondern die Argumente durchdacht und gründlich geplant sind, können Sie mit Methoden wie etwa dem *Denkpfad*, dem *Textpfad* oder einer *Gedankenlandkarte* die Diskussion vorbereiten. Teilnehmende, die etwas länger brauchen, um eigene Argumente zu entwickeln, finden so genügend Zeit dafür. Und Sie fördern allgemein den Tiefgang und die Differenziertheit der Diskussion. Zugleich lernen die Studierenden dadurch, ihre Texte sicher und vorausdenkend zu strukturieren und im Textabschnitt zu argumentieren.

## Neuerlerntes und Erfahrenes rekapitulieren, bewerten, festigen und den persönlichen Lerngewinn formulieren

Zu Beginn eines Seminars können Sie zum Beispiel an die zurückliegenden Sitzungen anknüpfen und die Studierenden bitten zu rekapitulieren, an was sie sich erinnern und welche Lernerfahrungen sie gemacht haben. Dafür bieten sich grundsätzlich alle besonders niedrigschwelligen und kurzen Schreibdenkübungen an, etwa *Wortsprint*, *Seriensprint*, *Fokussprint*, *Denkskizze*, *Cluster* oder *Multicluster*.

Zum Abschluss einer Lehrveranstaltung können Sie mit einer *Denkskizze*, einem *Fokussprint* oder einem *Cluster* ein Resümee anleiten, zum Beispiel mit der Frage: „Was war heute das Wichtigste für Sie?“ Anschließend können Sie die Teilnehmenden bitten, ein wichtigstes Stichwort im Plenum zu nennen oder auf einer Karte zu notieren, welche Konsequenz sie daraus für ihr weiteres Denken oder Handeln ziehen.

## 5.4 Womit Sie zum Weiterdenken außerhalb der Lehrveranstaltung anregen

### Akademisches Journal

Das akademische Journal (z.B. Bräuer 1998; Lange 2010) ist eine Art von Notizbuch, in das wissenschaftlich Schreibende die Schnittmenge zwischen alltäglich-privatem und akademisch-öffentlichem Schreiben notieren, also Gedanken über studienbezogene Inhalte und über den Lernprozess selbst. Die Schreibenden sammeln wissenschaftlichen Stoff, eigene Ideen und Gedanken, Material und Entwürfe. Während das Tagebuch noch weitgehend am privaten Erleben orientiert ist, bei dem die Bedeutung des Schreibenden im Vordergrund steht, so nimmt beim akademischen Journal und noch stärker beim Portfolio die Bedeutung des Inhalts gegenüber der subjektiven Sichtweise des Schreibenden zu. Das akademische Journal ist ein bewertungsfreier Raum, und so können wie bei allen anderen Formen des Schreibdenkens aufgenommene Inhalte in die eigene Sprache, das eigene Denken und die eigene Vorstellungswelt „übersetzt" werden. Das wiederum ist Ausgangspunkt und Formulierungssteinbruch für spätere öffentliche Texte.

Mit der Journalarbeit können Schreibende also ihren wissenschaftlichen Entwicklungsprozess dokumentieren und kontinuierlich weiterentwickeln. Ziel ist, durch privates Schreiben öffentliches Schreiben zu beflügeln und Denkprozesse fortzuentwickeln (Bräuer 1998:131). In diesem Sinne ist die Journalarbeit auch für Lehr-Lernprozesse in der Lehrveranstaltung wichtig und entwicklungsfördernd und kann die Präsenzzeiten sinnvoll ergänzen.

Ulrike Lange (2010) hat ein Unterrichtskonzept zum autonom geführten akademischen Journal als Teil eines fachübergreifenden Schreibworkshops entwickelt und schlägt vor, den Studierenden als Hausaufgabe mitzugeben, vier Wochen lang täglich jeweils 15 bis 20 Minuten ein autonomes Journal zu schreiben, nachdem im Seminar Schreibübungen und -aktivitäten eingeführt wurden, die den Studierenden das freie und spontane Schreiben näher bringen und sie zum autonomen Journalschreiben motivieren. Das Journal bleibt privat, wird also auch nicht als Prüfungsinstrument eingesetzt. Für die Leistungskontrolle veröffentlichen die Studierenden lediglich Auswertungen zum Journalschreiben.

Wenn Sie also - auch in der fachbezogenen Lehre - Ihre Studierenden dazu anregen, über einen gewissen Zeitraum, etwa einen Monat, ein akademisches Journal zu führen, so könnten die Regeln dafür sein: täglich zehn Minuten schreiben, mindestens fünf verschiedene Schreibdenktechniken ausprobieren, den eigenen Schreibprozess kontinuierlich reflektieren sowie den Nutzen und den Lerngewinn des akademischen Journals reflektieren.

## Portfolio

Das Portfolio ist eine systematische und öffentliche Materialsammlung, die im Prozess der Wissensaneignung zu einem vorgegebenen Thema entsteht. Portfolios sind „Schaufenster"der eigenen Arbeit (Bräuer 2003:22) und des individuellen Lernprozesses, die für eine definierte Öffentlichkeit zulassen, dass andere Einblick erhalten, wie sich jemand Wissen angeeignet, Kompetenz hinzugewonnen und Text produziert hat. Die Schreibenden zeigen, was sie - und wie sie - im Fach gelernt haben.

Im Portfolio könnte jemand zum Beispiel reflektieren: Was weiß ich am Anfang? Was erfahre ich im Verlauf des Seminars? Wie kommen Autoren, deren Texte ich zu der Lehrveranstaltung begleitend lese, zu ihren Erkenntnissen? Jemand kann auch Gelerntes zusammenfassen und kommentieren oder schreibend darüber nachdenken, wie er nach der Lehrveranstaltung seine weiteren Lernziele erreichen will, etwa fachliche Kenntnisse zu erweitern.

Immer häufiger wird das Portfolio auch für Beurteilungen eingesetzt und stellt damit eine Alternative zu den klassischen Prüfungsformen wie Hausarbeit, Klausur und mündliche Prüfung dar. Beurteilungskriterien können sein: schlüssige Konzeption, durchdachter Aufbau, differenzierte Fragestellung, sinnvoll begründete Materialauswahl, adressatenorientierte Leserführung, richtige Wiedergabe von fachlichen Inhalten oder Durchdachtheit und Tiefe der Reflexion. Ein Portfolio ist orientiert auf eine Beurteilung, die auch Entwicklung und Verständnis, Durch- und Ausführungen bewertet, Prozesse des Lernens reflektiert und vielfältige Methoden zur Dokumentation von Ergebnissen und Prozessen einbezieht. So erleichtert es bereits während des Lernprozesses eine Selbstevaluation und fördert kriteriumsorientiert alle Lernenden nach ihren Fähigkeiten (Reich 2003). Mit der daraus entstehenden Feedback- und Fehlerkultur entwickelt sich zunehmend ein prozessorientiertes Verständnis von Schreiben.

## Autonome Schreibgruppen

Girgensohn (2007) hat die Bedeutung von *autonomen Schreibgruppen* an der Hochschule erforscht und kommt zu dem Schluss, dass diese ein großes Potenzial in Bezug auf die Erweiterung der Schreibkompetenzen, aber auch für selbstreflexives Lernen bieten. Sie erhöhen die Chancen, qualitativ hochwertige Text zu produzieren. Weitere Vorteile sind der geschärfte Blick für Textanforderungen sowie die Motivation über einen gewissen Druck und durch Spaß, über das Feedback und über die Inspiration durch das Lesen fremder Texte.

Badley (2005) schlägt *autonome Online-Schreibgruppen* als eine besondere Form von Schreibgruppen vor. Letztlich lässt sich sein Ansatz auch auf Schreibgruppen übertragen, die sich „live" treffen. Die Organisationsform bringt er auf folgende Formel mit drei Kriterien: *short-lived* – die Teilnehmenden arbeiten für einen begrenzten Zeitraum zusammen, wodurch sich die Verbindlichkeit erhöht; *small in size* – mit nur drei bis sechs Teilnehmenden hält sich der organisatorische und Arbeitsaufwand für das Lesen in Grenzen; *supportive* – die Teilnehmenden unterstützen sich gegenseitig im Gleichgewicht von Geben und Nehmen.

**Anleitung für autonome Online-Schreibgruppen**

Die Gruppenmitglieder nehmen sich vor, sukzessive an ihrem Text zu schreiben, neuen Text zu produzieren oder zu überarbeiten, und zwar mit einer festgelegten Zeichen- oder Wortanzahl, etwa 1500–2000 Wörter im Monat.

Eine Woche vor dem nächsten Treffen schicken alle Teilnehmenden einen eigenen Text oder markierten Textausschnitt an die anderen. Sie notieren dazu auch, welche Fragen sie an die Feedbacklesenden haben. Jeder, jede liest alle Texte durch.

Jeweils eine Person liest den Text einer anderen besonders gründlich. Die Kombinationen werden bei jedem Treffen neu bestimmt.

Die Treffen werden wechselweise moderiert, d.h. jeweils einer, eine übernimmt die Aufgabe, auf die Zeit zu achten und die Kommunikation auf einer Meta-Ebene zu beobachten.

Jeweils zehn bis fünfzehn Minuten lang werden nach einer Eingangsrunde die einzelnen Texte besprochen: Zuerst darf – gehen wir hier von einer weiblichen Person aus – die Autorin äußern, was sie selbst für Fragen hat bzw. was für ein Feedback gewünscht ist.

Die Person, die vorher ausführlich gelesen hat, äußert sich zuletzt und schickt der Autorin die Kommentare nach dem Chat zu.

Abschließend äußert sich die Autorin noch einmal und legt ihr weiteres Vorgehen fest.

Der Moderator – in diesem Fall gehen wir von einem männlichen Moderator aus – schreibt eventuell ein kurzes Protokoll zum Chat und verschickt es an alle. Außerdem kopiert er den Chatverlauf in ein Word-Dokument und schickt dieses ebenfalls an alle.

## Schreibgespräche

Eine andere Möglichkeit, gemeinsam mit anderen an Texten zu arbeiten, sind die Schreibgespräche (Scheuermann 2011) in Zweierteams per E-Mail. Zwei Schreibende tun sich zusammen, um in einem zeitlich festgelegten Turnus per E-Mail Schreibdenktexte, etwa Fokussprints, zu einem vorher festgelegten Thema auszutauschen. Der Empfänger oder die Empfängerin liest und kommentiert den erhaltenen Text mit der Kommentarfunktion des Textverarbeitungsprogramms und schreibt und versendet einen daran anknüpfenden Schreibdenktext. Als schriftliche Dialoge können Schreibgespräche die Vorzüge des Schreibdenkens mit der Inspiration verbinden, die im Austausch von Gedanken mit einer anderen Person entsteht.

# 6. Mit Schreibdenken den Arbeitsalltag bewältigen – Selbstcoaching

Ein Klient von mir - nennen wir ihn Magnus - hatte einige Wochen vor unserem Gespräch begonnen, nachts regelmäßig aus dem Schlaf zu schrecken. Das war für ihn der Anlass, ein Schreibcoaching in Anspruch zu nehmen. Er wollte in vier Monaten seine Dissertation abgeben. Bisher existierten nur Textfragmente, Zitatesammlungen und Stichwortlisten. Er litt unter dem Gefühl der schriftlichen Sprachlosigkeit und glaubte, er würde in der verbleibenden Zeit nicht fertig werden, weil er viel zu langsam schriebe. Sein Selbstwertgefühl nahm ab. Die Angst, es nicht zu schaffen, raubte ihm den Schlaf. Dabei arbeitete er von früh bis spät an seiner Dissertation. Ich zeigte ihm den Fokussprint und einige andere Schreibdenktechniken und er begann, täglich zehn Minuten zu seinen Ängsten und Selbstzweifeln zu schreiben, bevor er mit der Arbeit an seiner Dissertation begann. Bald schrieb er auch, wenn er nachts aufwachte, und konnte dann ruhiger wieder einschlafen. Schreibdenken wurde schließlich für Magnus eine wichtige Hilfe, um ruhiger zu werden, seine Zukunftsängste zu relativieren und sich bei akuten Angstzuständen zu entlasten. Die Hintergründe für seine vermeintliche Sprachlosigkeit bearbeiteten wir dann in den Coachinggesprächen.

Nicht viel anders erging es anfänglich Anja, einer anderen Klientin. Sie meldete sich bei mir wegen massiver Vermeidungsstrategien. Sie hätte längst einen Buchbeitrag abgeben müssen, doch es war noch kein Wort geschrieben. Stattdessen zettelte sie einen Konflikt mit einer Kollegin an, der all ihre Aufmerksamkeit beanspruchte und füllte ihren Arbeitsalltag mit hektischen Aktivitäten, die keine Zeit zum Schreiben ließen. Durch das Coaching verstand Anja, dass der Konflikt mit der Kollegin ein Nebenschauplatz war, mit dem sie die eigentlich anstehende Schreibaufgabe vermied. Sie schrieb dann im Laufe einer Woche täglich zu dem Konflikt mit der Kollegin, und er verlor seinen hohen Stellenwert. Nun erst entstand gedanklicher Freiraum, um sich dem Schreiben des Buchbeitrages zuzuwenden.

Sobald beim Schreiben Themen wie etwa Perfektionismus, Schreibstimmung, Motivation zum Schreiben, Angst oder Selbstabwertung in den Vordergrund treten, ist es Zeit, nicht mehr allein mit schreibdidaktischen Ansätzen zu arbeiten, also etwa mit verbesserten Schreibtechniken oder Veränderungen im Schreibprozess. Vielmehr gilt es dann, auch nach psychologischen, sozialen oder situativen Hintergründen zu suchen und sie zu verändern (Scheuermann 2008). Bei diesen Überlegungen ist immer mitzubedenken: Die Hintergründe für ein Problem, ein Verhalten, ein Gefühl oder eine Stimmung sind individuell und nur so können sie auch von jedem Einzelnen erforscht und bearbeitet werden.

Ein Studierender wird vielleicht deshalb mit seiner letzten Hausarbeit nicht fertig, weil er Angst vor den bevorstehenden Abschlussprüfungen hat. Dann wäre es sinnvoller, seine Angst zu thematisieren als weiter seine Überarbeitungsstrategien zu perfektionieren. Eine andere Studierende stellt zu hohe Ansprüche an ihre Masterarbeit aus Angst vor negativer Bewertung durch die Betreuerin. Sie hat Konzentrationsstörungen und kann dadurch kaum noch produktiv arbeiten. Dann könnte es hilfreich sein, etwas an der Beziehung zu der Betreuerin zu verändern oder herauszufinden, warum sie so selbstverständlich davon ausgeht, sie würde negativ bewertet werden.

Sie und Ihre Studierenden können durch Selbstcoaching mit Schreibdenken

- sich von Gefühlen entlasten und sich von ihnen distanzieren: Im Prozess des Aufschreibens gewinnen Sie Abstand von dem, was Sie bewegt. Was auf dem Papier steht und damit nach außen gebracht wurde, wird weniger als Teil der eigenen Person empfunden. Zugleich klären Sie Ihre Gefühle, verstehen sie besser und können sie einordnen.
- Ihr Denken entlasten: Oft ist der Kopf voll mit unzähligen Assoziationen und Denkwegen, die sich gegenseitig stören und das Denken überfrachten. Durch Aufschreiben kann sich auch in Bezug auf Gedanken die Vorstellung einstellen, der Gedanke habe seinen Platz gefunden und müsse nicht mehr weiter im Kopf bearbeitet werden.
- ein Problem mit ungewöhnlichen, kreativen Methoden angehen und dadurch auf andere Lösungen als beim Nachdenken ohne Hilfsmittel oder beim Darüber-Reden kommen: Das Denken schlägt andere Wege ein.

- an ein inneres Gegenüber schreiben: Sie treten in Beziehung und in einen inneren Dialog mit dem vorgestellten Adressaten, mit einem inneren Berater, ja selbst mit dem Tagebuch, dem Blatt Papier oder dem Computer.
- eine vertraute Gewohnheit entwickeln, um sich selbst im Alltag zu begleiten, die Ihnen Halt und Struktur sowie Ihren Problemen einen Ort gibt, an dem sie bearbeitet werden und zur Ruhe kommen können.
- sich besser auf das Wesentliche fokussieren, vor allem durch die Auswertungsphase der Schreibdenkübungen mit Hervorhebungen und Kernsätzen (Scheuermann 2010).
- still werden, sich nach innen wenden, sich auf sich selbst besinnen und so leichter die innere Stimme hören.

In einer aktuellen Studie weisen Gerardo Ramirez & Sian Beilock (2011) nach, dass, wer seine Ängste aufschreibt, mit diesen besser fertig wird: Studierende und andere Versuchspersonen mit Prüfungsangst erzielten signifikant bessere Ergebnisse, wenn sie vor der Prüfung oder in den Wochen davor einige Minuten lang über ihre Ängste schreiben konnten. Die Forschergruppe schlussfolgerte, dass durch das Aufschreiben eine Überlastung im Arbeitsspeicher des Gehirns durch Grübeln und Fokussierung auf die anstehende Prüfung reduziert wird. Das Aufschreiben ermöglicht, dass der Arbeitsspeicher wieder frei für die eigentliche Prüfungsaufgabe wird.

Gleich lernen Sie einige Übungen für das Selbstcoaching kennen, die entweder explizit auf das Schreiben bezogen sind oder allgemeiner auf die Bearbeitung von Themen und Problemen des Arbeitsalltags eingehen. Sie stellen einen Ausschnitt aus dem weiten Spektrum möglicher Selbstcoaching-Interventionen dar und eignen sich besonders gut für die Ausführung mit Schreibdenken.

## 6.1 Perspektiven wechseln

„Das ist doch banal, was du da schreibst, wen soll das bloß interessieren?“, „Das wird doch nie was“, „Die Leser werden darüber herfallen und meinen Text zerreißen“. So lauten recht verbreitete schreibstörungsrelevante Selbstgespräche (Mundis

1991), mit denen Schreibende sich selbst kommentieren. Sie sind oft nur halb bewusst oder so vertraut, dass sie dem oder der Schreibenden selbst nicht auffallen. Im Schreibcoaching kommen sie zur Sprache und in meinen Seminaren liest sie ab und zu jemand vor, wenn wir dazu eine Schreibübung machen. Gerade beim Schreiben werden diese Stimmen manchmal besonders „laut", weil die Schreibenden ohne reales Gegenüber sind, das ihnen sofort Rückmeldung geben könnte.

Bei jedem von uns findet nahezu ununterbrochen ein stummes Selbstgespräch statt. Einzelne Persönlichkeitsanteile kritisieren, spenden Beifall oder geben Rat. Das hat nichts mit Schizophrenie zu tun. Schulz von Thun (2010) trägt mit seinem Modell des „Inneren Teams" diesen inneren Stimmen Rechnung. Sie können demotivieren, wenn sie destruktiv sind, auf der anderen Seite können sie aber auch motivieren und begeistern, wenn sie bestärkend sind. Solche Stimmen - und damit die Stimmung - lassen sich beeinflussen.

## Das innere Gespräch verändern

Die folgende Selbstcoaching-Übung ist zur Weiterentwicklung der inneren Haltung beim Schreiben gedacht, lässt sich jedoch auf andere Themen übertragen. Ich setze die Übung recht häufig in Seminaren ein, um die Teilnehmenden dabei zu unterstützen, sich einen destruktiven inneren Kritiker bewusst zu machen. Im zweiten Schritt kann man sich leichter von ihm distanzieren und im dritten Schritt dem inneren Mentor mehr Gewicht verleihen.

**Übung „Das innere Gespräch verändern" – ca. 5 Minuten**

Falten Sie ein Blatt Papier längs in der Mitte. Auf der linken Seite notieren Sie als Überschrift einen Namen, der Ihr schreibfreudiges Ich charakterisiert, etwa „Die Gerneschreiberin". Auf die rechte Seite schreiben Sie einen Namen, der Ihren inneren Kritiker charakterisiert, zum Beispiel „Der Mäkelige".

Schreiben Sie einen fiktiven Dialog zwischen diesen beiden Anteilen Ihrer Person: Die Gerneschreiberin beginnt, der Mäkelige antwortet, die Gerneschreiberin kommentiert wiederum und so weiter.

Beobachten Sie möglichst ohne Bewertung, wie sich der Dialog entwickelt: Wird daraus ein Streitgespräch, kommt es zu einer Einigung oder einem Nebeneinander zweier unvereinbarer Positionen?

Führen Sie den Dialog auf einen positiven Abschluss hin: Der schreibfreudige Persönlichkeitsanteil gewinnt an Boden und findet zum Beispiel einen Kompromiss mit dem mäkligen.

Werten Sie den Dialog aus: Sind Ihnen die Aussagen des Mäklers vertraut – woher und vom wem stammen sie? Wie ist diese innere Stimme entstanden? An wen erinnert Sie ihr Wortlaut, wer in Ihrer Herkunftsfamilie hat etwa dieselbe Formulierung verwendet? Und welche der Sätze des schreibfreudigen Anteils könnten geeignet sein, um dem inneren Mäkler zukünftig zu begegnen?

In einem zweiten Übungsschritt tritt der innere Mentor hinzu. Überlegen Sie kurz, wer Ihnen einfällt: Wer unterstützt Sie beim Schreiben oder hat dies getan? Wen bewundern Sie, wer ist ein Vorbild für Sie?

Was würde dieser Mentor Ihrem inneren Kritiker entgegensetzen? Was würde er überhaupt zu Ihnen sagen, um Sie zu unterstützen?

Schreiben Sie diese Formulierungen auf, indem Sie nun ein Gespräch zwischen den Protagonisten, etwa der Gerneschreiberin und dem inneren Mentor, formulieren.

Werten Sie das Gespräch wiederum aus und markieren Sie, was Sie besonders hilfreich und interessant finden.

Wenn Sie möchten, könnten Sie nun noch tiefer gehen, indem Sie gezielter nach Hintergründen für negative innere Stimmen suchen, etwa mit einem Fokussprint: „Woher kommt diese innere Stimme und wie kann ich sie loswerden?“

## Rollenwechsel

Eine weitere interessante Möglichkeit, sich mit Schreibdenken selbst zu coachen, sind Perspektivenwechsel, bei denen Sie nicht wie gerade beschrieben verschiedene Persönlichkeitsanteile zu Wort kommen lassen, sondern die Rolle einer anderen Person einnehmen. Damit können Sie neue Standpunkte erkunden, die Ihnen in Ihrer Ich-Rolle nicht einfallen würden.

**Übung „Rollenwechsel" – ca. 10 Minuten**

Überlegen Sie sich eine Frage, ein Thema, ein Problem, mit dem Sie weiterkommen möchten. Schreiben Sie es als Überschrift auf.

Nun überlegen Sie, von wem Sie in dieser Sache etwas lernen könnten: Wer ist für Sie in dieser Frage ein Vorbild?

Versetzen Sie sich in diese Vorbild-Person und schreiben Sie aus deren Perspektive einen kurzen ratgebenden Text an sich selbst als Ratsuchende, etwa so: „Liebe ..., ich an deiner Stelle würde ganz anders an diese Sache herangehen. Nämlich ..."

Wenn Sie den Text fertiggeschrieben haben, markieren Sie das Wichtigste und halten es in einem Kernsatz fest.

## 6.2 Fragen stellen

Fragen sind im Beratungskontext meist hilfreicher, als wenn die Beratungsperson Lösungsvorschläge anbietet und damit möglicherweise etwas vorgibt, was nicht zu der ratsuchenden Person passt und worauf diese nicht selbst gekommen ist. Nicht anders verhält es sich beim Selbstcoaching.

### Antworten auf die Wunderfrage

Vor allem in kurzzeittherapeutischen Verfahren verwenden TherapeutInnen in ihren Gesprächen eine kleine Frage mit großer Wirkung: die Wunderfrage (z.B. Berg 1997; DeShazer 1999). Sie basiert auf der Annahme, dass jeder Mensch seine persönlichen - die besten - Lösungen in sich trägt, sie aber hervorgelockt werden müssen, weil der Zugang oft verschüttet ist. Beim Selbstcoaching mit Schreibdenken analysieren Sie die Veränderungen, die sich aufgrund eines fiktiven Wunders in einer zukünftigen Wunschsituation zeigen und nehmen Sie anschließend als Grundlage für reale Veränderungen und Ziele.

**Übung „Antworten auf die Wunderfrage" – ca. 10 Minuten**

Beschreiben Sie mit einem Wortsprint, einem Fokussprint, einem Cluster oder einer Denkskizze, was Ihr Problem ist.

Lesen Sie die Wunderfrage:
„Stellen Sie sich vor, Sie wachen am Morgen auf und über Nacht ist unbemerkt ein Wunder eingetreten: Ihr bisheriges Problem ist gelöst. Was ist am Morgen anders, wodurch Sie bemerken, dass das Wunder geschehen ist? Was ist anders in Ihrem Leben als bisher?"

Entwickeln Sie dazu erste Antworten mit einem Inneren Bild.

Skizzieren Sie das Bild mit einer Denkskizze oder beschreiben Sie mit Ihrer Lieblings-Schreibdenktechnik möglichst detailliert, was sich durch das Wunder verändert haben wird: Was ist in Ihrer Umgebung, beim Verhalten anderer Menschen und bei Ihnen selbst anders als vorher? Wie fühlen Sie sich nach dem Wunder? Woran bemerken andere, dass Ihr Problem gelöst ist?

Lesen Sie sich Ihre Notizen durch und markieren Sie die Stellen, an denen Sie erste Lösungsansätze für Ihr Problem entdecken.

Konkretisieren Sie diese nun für die Umsetzung: Schreiben Sie mit einer anderen Stiftfarbe Lösungsideen zu den ersten Notizen, wie Sie die Veränderungen im Alltag umsetzen können.

Und schließlich: Notieren Sie ein bis drei Lösungsideen auf einer Karte, die Sie an einem gut sichtbaren Ort aufhängen und schauen Sie ab und zu einmal darauf.

Weitere Fragemöglichkeiten bieten die „Was wäre wenn?"-Fragen, die Sie sich ebenfalls schreibend beantworten können. Hier können Sie zum Beispiel Ängsten ihre Spitze nehmen. Der angstgeplagte Magnus, den ich eingangs in diesem Kapitel erwähnt habe, fragte sich zum Beispiel schreibend: „Was würde passieren, wenn ich meine Dissertation nicht rechtzeitig fertigstelle? ... Und was wäre dann? ... Und dann? Und in letzter Konsequenz?" Diese Fragen zu beantworten half ihm dabei, sich das Schlimmste sehr konkret vorzustellen – und dabei zu erleben, dass die Angst schrumpft, wenn man ihr ins Gesicht blickt.

### Zirkuläres Fragen

Eine weitere effektive Fragetechnik, die aus der systemischen Therapie stammt, ist das zirkuläre Fragen (Simon & Rech-Simon 2009). Hierbei wird um die Ecke und nicht direkt nach Ursache-Wirkung-Zusammenhängen gefragt. Die Fragen helfen dabei, von der eigenen Perspektive zu einer anderen, einer Außenperspektive, zu wechseln, dadurch eigene Probleme zu relativieren und neue Einschätzungen, Wahrnehmungen und Lösungen zu entwickeln. Wenn Sie sich zwei oder drei zirkuläre Fragen zu einem Thema stellen und diese schreibdenkend beantworten, so werden Sie mit der Zeit immer geschmeidiger darin, Perspektiven zu wechseln und ungewohnte Gedankengänge auszuarbeiten.

**Übung „Zirkuläres Fragen" – ca. 5 Minuten**

Beschreiben Sie Ihr Problem mit einem Wortsprint, einem Fokussprint, einem Cluster oder einer Denkskizze.

Fragen Sie sich, was eine dritte Person für Gefühle, Meinungen und Ratschläge zu diesem Problem haben und äußern würde, etwa so:
„Was würde A über mich sagen?"
„Was würde B sagen, wenn er mich so verzweifelt vor dem Berg Arbeit sieht?"
„Was würde C meinen, dass ich machen sollte?"
„Wie würde D reagieren, wenn er von meinem Problem erführe?"
„Wie fände E es, wenn er merkt, dass ich ... nicht mehr mache?"

Werten Sie die Antworten wieder aus: Markieren Sie Wichtiges und schreiben Sie Kernsätze zu den wichtigsten Lösungsansätzen, die Sie gefunden haben.

## 6.3 Zukunft denken

Innere Bilder können wir als Richtschnur für unser Leben nutzen, indem wir einer starken Vision unserer Zukunft folgen oder uns einen wichtigen Wunsch mithilfe eines inneren Bildes immer wieder neu vergegenwärtigen. Die moderne Hirnforschung weist nach, wie stark innere Bilder unser Denken, Fühlen und Handeln bestimmen (z.B. Hüther 2010). Und erst recht verankern sich diese inneren Bilder in unserem Gedächtnis, wenn sie uns auch auf der Gefühlsebene berühren. Rufen wir sie später wieder ab, so haben sie dieselbe emotionale Intensität und helfen zum Beispiel, sich in eine gute Stimmung zu bringen.

## Vorausschauen

Mit der Übung „Vorausschauen" können Sie genau das erreichen: Sie stellen sich Ihre Wunschzukunft vor und beeinflussen dadurch Ihre Gegenwart, denn intuitiv werden Sie Ihr Handeln und Ihr inneres Streben danach ausrichten.

**Übung: „Vorausschauen" – ca. 30 Minuten, evtl. verteilt auf mehrere Tage**

Lesen Sie die folgenden drei Fragen und beantworten Sie sie sofort und möglichst unzensiert, ohne darüber nachzudenken:
„Wenn ich nicht für meinen Lebensunterhalt arbeiten müsste, was würde ich dann tun?"
„Wenn ich eine Million Euro geschenkt bekäme, was würde ich damit anfangen?"
„Wie würde ich mein Leben verbringen, wenn mir nur noch sieben Monate blieben?"

Nehmen Sie sich für jede der drei Fragen genug Zeit, vielleicht auch auf einige Tage verteilt: Schreiben Sie jeweils mit einem fünf- bis zehnminütigen Fokussprint zu der Frage. Lesen Sie dann Ihre Texte durch, markieren Sie wichtige Wörter und schreiben Sie einen Kernsatz dazu.

Knüpfen Sie dort mit einem weiteren Fokussprint am nächsten Tag an.

Visualisieren Sie in einer Kurzentspannung zu jeder Frage das Beschriebene, schmücken Sie es als Bild weiter aus, wechseln Sie die Perspektive hin zu einer Vogelperspektive oder zu einer Unbeteiligter-Beobachter-Perspektive.

Malen Sie diese Inneren Bilder oder kleben Sie eine Collage mit Bildern. Hängen Sie das Bild auf und nehmen Sie sich jeden Tag kurz Zeit zum Innehalten, um Ihre verbildlichten Wünsche auf sich wirken zu lassen.

Arbeiten Sie zu diesen drei – oder einer der – Fragen mit Ihren Lieblings-Schreibdenktechniken:
„Was fehlt mir jetzt noch, damit diese Wünsche Wirklichkeit werden können?"
„Wie kann ich selbst aktiv zur Verwirklichung meiner Wünsche beitragen?"
„Was wäre anders, wenn sich meine Wünsche schon erfüllt hätten?"

## In der Zukunft sein

Mit einer weiteren Übung denken Sie Zukunft wiederum anders: Sie wechseln die zeitliche Perspektive und bewegen sich auf dem Zeitstrahl in Ihre eigene Zukunft, bis Sie an dem Zeitpunkt angekommen sind, der für Sie gerade interessant ist. Sie erkunden, wie es dort ist - und wie Sie aus dieser Zukunft auf sich selbst zurückblicken. Mit dieser Übung erhalten Sie eine Fülle von Ideen für Lösungen und Neuausrichtungen.

**Übung „In der Zukunft sein" – ca. 10 Minuten**

Entwickeln Sie ein Denkbild, bei dem Sie sich vorstellen, Sie würden sich in einer zukünftigen Zeit befinden: in fünf, in zehn Jahren oder am Ende Ihres Lebens.

Beantworten Sie sich folgende Fragen – am besten wieder schreibend mit Ihren Lieblings-Schreibdenktechniken:
„Wie sieht mein Leben jetzt (in der vorgestellten Zukunft) aus?"
„Wo lebe ich und wie lebe ich?"
„Was ist meine Arbeit?"
„Was begeistert und erfüllt mich?"
„Was will ich noch erreichen?"
„Wie sieht mein Privatleben und wie sehen meine Beziehungen aus?"
„Mit wem bin ich eventuell zusammen?"
„Wie sieht es mit Familie aus?"
„Wie ist es um meine Gesundheit bestellt?"

Blicken Sie auch zurück auf Ihr Leben zum Ausgangszeitpunkt:
„Wie bin ich zu dem gekommen, was ich heute bin?"
„Was würde ich mir selbst aus diesem zukünftigen Blickwinkel raten?"
„Welche beruflichen Entwicklungsschritte schlage ich mir selbst vor, die ich tun kann, um in dem glücklichen Leben ankommen, das ich in der Zukunft führe?"

„Welche privaten Entwicklungsschritte sind dafür notwendig? "
„Beziehungen, Familie, Freundschaften: Wer wird wichtiger in meinem Leben? Und was tue ich dafür, dass dieser Mensch oder diese Menschen wichtiger werden? "
„Was tue ich für meine Gesundheit, für meine Spiritualität, für meine Sinnsuche, für meine geistige und psychische Entwicklung? "

## Wenn morgen mein letzter Tag wäre

Die Übungen unter der Überschrift „Zukunft denken" können Sie weiter ausdifferenzieren. Ich möchte Ihnen dafür einen Ansatz vorstellen (Scheuermann (2013b), der nach meinen Erfahrungen im Coaching äußerst effektiv, wenn auch ungewohnt ist. Dafür arbeiten Sie mit der Vorstellung, dass Sie nicht mehr lange zu leben hätten oder bereits am Ende Ihres Lebens stünden. Sie stellen sich zum Beispiel folgende Fragen:

- Welche Werte sind für mich besonders wichtig?
- Was würde ich tun wollen, wenn ich nur noch sieben Monate zu leben hätte?
- Welche persönlichen Weisheiten würde ich anderen Menschen mitteilen, wenn ich am Ende meines Lebens stünde?
- Welche Spuren will ich hinterlassen - jetzt und nach meinem Tod?
- Welche Beziehungen will ich noch klären?

Aus dem weiten Spektrum der Möglichkeiten, sich selbst zu coachen, habe ich hier nur eine kleine Auswahl vorgestellt. Diese Auswahl soll eher beispielhaft für die Umsetzung von Interventionsansätzen stehen, die sich für Selbstcoaching eignen. Grundsätzlich gilt für das Selbstcoaching mit Schreibdenken, dass Sie jede Technik, die Nachdenken und Visualisieren beinhaltet, damit ausführen können, seien es nun systemische Ansätze, Selbsthypnose (z.B. Alman & Lambrou 2010) oder Ansätze der kognitiven Verhaltenstherapie (z.B. Stavemann 2003). Insbesondere wenn es Ihnen gelingt, eine Routine für Ihr Selbstcoaching aufzubauen, können Sie sich mit der Zeit immer effektiver selbst unterstützen.

# 7. In eine Zukunft mit Schreibdenken blicken

In ein paar Jahren: Die ersten Minuten in einem politikwissenschaftlichen Seminar über - sagen wir - aktuelle politische Entwicklungen in Rumänien sind angebrochen. Die Studierenden nehmen ihre Plätze ein, reden mit ihren SitznachbarInnen, lachen, tauschen Neuigkeiten aus. Martin, der Dozent, ordnet seine Seminarunterlagen und macht sich bereit für den Einstieg ins Seminar. Er begrüßt die Studierenden. Und dann sagt er:

„Für den Einstieg schreibt bitte fünf Minuten lang einen Fokussprint samt Auswertung zum heutigen Seminarthema ‚Probleme der Korruption in staatlichen Organisationen Rumäniens'. Versetzt euch dazu in einen gewöhnlichen rumänischen Polizisten und stellt euch vor, was ihm an einem normalen Arbeitstag durch den Kopf geht. Anschließend hören wir das Impulsreferat von Naremin und Stefan als Einstieg in eine mündliche Diskussion, in die ihr eure Schreibergebnisse einfließen lassen könnt. Los geht's!"

Die Studierenden kramen ihre Schreibhefte hervor, zücken die Stifte, manche klappen ihren Laptop auf. Sie wissen, was Martin mit „Fokussprint" gemeint hat. Dann wird es für sieben Minuten still.

Dass ähnliche Seminareinstiege zur Normalität in den Veranstaltungsräumen unserer Hochschulen werden, ist eines der Ziele, die ich mit diesem Buch verfolge. Die Bedingungen, um Lehrenden das Schreibdenken nahezubringen sind günstig: Das Interesse und die Motivation wachsen, der prozessorientierten Schreibdidaktik mehr Raum an Hochschulen zu geben. Immer mehr Lehrende und Lernende entdecken das selbstgesteuerte Lernen und Weiterdenken beim Schreiben als hoch produktive Methode. Gut vernetzte SchreibdidaktikerInnen, teils freiberuflich, teils angestellt tätig, lehren und beraten dazu an Hochschulen und in den vielerorts entstehenden hochschulischen Schreibzentren, aber auch mit freien Seminar- und Coaching-Angeboten.

So können wir hoffnungsvoll in eine Zukunft blicken, in der vielerorts schreibend gelehrt, gelernt und gedacht wird. Das wünsche ich Ihnen und mir. Und darüber und darauf freue ich mich.

# 8. Literatur

Alman, Brian M.; Lambrou, Peter T. (2010): Selbsthypnose. Ein Handbuch zur Selbsttherapie. Heidelberg: Carl-Auer-Systeme.

Ariely, Dan (2008): What's The Value of a Big Bonus? In: New York Times, 19. Nov. 2008, 14.

Bachmann, Heinz (2011): Kompetenzorientierte Hochschullehre. Die Notwendigkeit von Kohärenz zwischen Lernzielen, Prüfungsformen und Lehr-Lernmethoden. Bern: Hep.

Badley, Graham (2005): Using Writing Groups to Help Transform University-Teachers into Scholar-Writers. In: American Hellenic Union: EATAW-Proceedings 2005, CD-Rom. Athens.

Becker-Mrotzeck, Michael (2004): Aufsatz- und Schreibdidaktik. In: Knapp, Karlfried et al. (Hrsg.): Angewandte Linguistik. Ein Lehrbuch. Tübingen: A. Francke, S. 36–55.

Berg, Inso Kim; Miller, Scott D. (1997): Die Wunder-Methode. Dortmund: Modernes Lernen.

Berning, Johannes (2002): Schreiben als Wahrnehmungs- und Denkhilfe: Elemente einer holistischen Schreibpäadagogik. Münster: Waxmann.

Berns, Gregory (2008): Iconoclast: A Neuroscientist Reveals How to Think Differently. Boston: Harvard Business Press.

Björk, Lennart; Bräuer, Gerd; Rienecker, Lotte; Stray Jörgensen, Peter (2003): Teaching Adademic Writing in European Higher Education: An Introduction. In: Björk, Lennart; Bräuer, Gerd; Rienecker, Lotte; Stray Jörgensen, Peter (Hrsg.): Teaching Academic Writing in European Higher Education. Dodrecht: Kluwer Academic Publishers, 1–18.

Bolker, Joan (1998): Writing Your Dissertation in Fifteen Minutes a Day. A Guide to Starting, Revising, and Finishing Your Doctoral Thesis. New York: Holt.

Bräuer, Gerd (Hrsg.) (2006): Schreiben(d) lernen. Ideen und Projekte für die Schule. Hamburg: Edition Körber Stiftung.

Bräuer, Gerd (2000): Schreiben als reflexive Praxis. Freiburg i. Breisgau: Fillibach.

Bräuer, Gerd (1998): Schreibend lernen: Grundlagen einer theoretischen und praktischen Schreibpädagogik. Innsbruck: Studienverlag.

Briggs Myers, Isabel; Myers, Peter B. (1995): Gifts Differing: Understanding Personality Type. Boston: Davies-Black Publishing.

Buzan, Tony (1993): Kopftraining. Anleitung zum kreativen Denken. Tests und Übungen. München: Goldmann.

Buzan, Tony; Buzan, Barry (2005): Das Mind-Map-Buch. Die beste Methode zur Steigerung ihres geistigen Potenzials. Landsberg am Lech: mvg.

Cain, Susan (2011): Still. Die Bedeutung von Introvertierten in einer lauten Welt. München: Riemann.

Carr, Nicholas (2010): Wer bin ich, wenn ich online bin? ... und was macht mein Gehirn so lange? Wie das Internet unser Denken verändert. München: Karl Blessing.

Csikszentmihalyi, Mihalyi (2010): Flow. Das Geheimnis des Glücks. Stuttgart: Klett-Cotta.

Darwin, Charles (1837): „Tree of Life", Zeichnung in: ‚Notebook B', S. 36, DAR121. Cambridge University Library. In: Scheuermann, Ulrike (2013a): Wer reden kann, macht Eindruck - wer schreiben kann, macht Karriere. Das Schreibfitnessprogramm für mehr Erfolg im Job. Wien: Linde, S. 183.

DeShazer, Steve (1999): Wege der erfolgreichen Kurzzeittherapie. Stuttgart: Klett-Cotta.

Döring, Klaus W.; Ritter-Mamczek, Bettina (2002): Lehren und Trainieren in der Weiterbildung. Ein Dozentenleitfaden. Weinheim: Beltz.

Dunnette, Marvin D. et al. (1963): The Effect of Group Participation on Brainstorming Effectiveness for Two Industrial Samples. In: Journal of Applied Psychology 47:1, 1963, S. 21–28.

Ehlich, Konrad (1984): Zum Textbegriff. In: Rothkegel, A.; Sandig, B. (Hrsg.): Text - Textsorten - Semantik. Hamburg: Buske, S. 9–25.

Elbow, Peter (1998a): Writing without Teachers. New York: Oxford Univ. Press.

Elbow, Peter (1998b): Writing with Power: Techniques for Mastering the Writing Process. New York: Oxford Univ. Press.

Elbow, Peter; Belanoff, Pat (2002): Being A Writer. A Community of Writers. New York: Mcgraw Hill Book.

European Writing Centers Association (2013): http://www.writingcenters.eu [Zugriff am 06.06.2013].

Frank, Andrea; Haacke, Stefanie; Lahm, Swantje (2007): Schlüsselkompetenzen: Schreiben in Studium und Beruf. Stuttgart: J.B. Metzler.

Freud, Sigmund; Masson, Jeffrey Moussaieff (Hg.) (1986): Briefe an Wilhelm Fliess. 1887–1904. Frankfurt/Main: S. Fischer.

Geißner, Hellmut (1994): Sprechwissenschaft. Theorie der mündlichen Kommunikation. Berlin: Cornelsen + Oxford.

Girgensohn, Katrin; Sennewald, Nadja (2012): Schreiben lehren, Schreiben lernen: Eine Einführung. Darmstadt: Wissenschaftliche Buchgesellschaft.

Girgensohn, Katrin (2007a): Neue Wege zur Schlüsselqualifikation Schreiben. Autonome Schreibgruppen an der Hochschule. Wiesbaden: VS Verlag.

Girgensohn, Katrin (2007b): Schreibstrategien beim Stationen Lernen erweitern Arbeitsmaterial für individualisierte Lernformen in Schreibseminaren. http://www.zeitschrift-schreiben.eu/cgi-bin/blog/wp-content/uploads/2007/11/girgensohn_schreibstrategien-beim-stationen-lernen-erweitern.pdf [Zugriff am 06.06.2013].

Gottschalk, Katherine; Hjortshoj, Keith (2004): The Elements of Teaching Writing. A Resource for Instructors in All Disciplines. Boston: Bedford/St. Martin's Professional Resources.

Hayes, John R.; Flower, Linda S. (1980): Identifying the Organization of Writing Processes. In: Gregg, L.W.; Steinberg, E.R. (Hg.): Cognitive Processes in Writing. Hillsdale: Lawrence Earlbaum, S. 3–30.

Hayes, John R. (1996): A new framework for understanding cognition and affect in writing. In: Levy, C.M.; Ransdell, S. (Hg.): The Science of Writing. Theories, Methods, Individual Differences, and Application. Hillsdale: Lawrence Earlbaum, S. 1–27.

Hochschulrektorenkonferenz (HRK) 2008: Für eine Reform der Lehre in den Hochschulen (3. Mitgliederversammlung der HRK am 22.04.2008), Bonn. http://www.hrk-bologna.de/bologna/de/download/dateien/rlehrebeschluss2008.pdf [Zugriff am 06.06.2013].

Hochschulrektorenkonferenz (HRK) 2010: Weiterführung der Bologna-Reform – Kontinuierliche Qualitätsverbesserung in Lehre und Studium (Entschließung der 8. Mitgliederversammlung der HRK am 11.05.2010). http://www.hrk.de/uploads/tx_szconvention/MV_8-_3_Entschliessung_Weiterfuehrung_Bologna-Reform.pdf [Zugriff am 06.06.2013].

Hüther, Gerald (2010): Die Macht der inneren Bilder. Wie Visionen das Gehirn, den Menschen und die Welt verändern. Göttingen: Vandenhoek & Ruprecht.

Hunt, Russ (2004): What is Inkshedding? http://www.stthomasu.ca/~hunt/dialogic/whatshed.htm [Zugriff am 06.06.2013].

Keseling, Gisbert (2004): Die Einsamkeit des Schreibers. Wie Schreibblockaden entstehen und erfolgreich bearbeitet werden können: Wiesbaden: VS Verlag für Sozialwissenschaften.

Klasmann, Jaan Karl (2005): Gesundes Schwingen. In: Psychologie heute, Juli 2005, S. 20–29.

Klein, Regina (2006): Wissenschaftliches Schreiben lehren und lernen. In: Berendt, Brigitte; Voss, Hans-Peter, Wildt, Johannes: Neues Handbuch Hochschullehre: Lehren und Lernen effizient gestalten, Griffmarken G 4.1, G 4.2 und G 4.3. Stuttgart: Raabe.

Kruse, Otto (2005): Keine Angst vor dem leeren Blatt: Ohne Schreibblockaden durchs Studium. Frankfurt/M.: Campus.

Kruse, Otto; Jakobs, Eva-Maria (2003): Schreiben lehren an der Hochschule: Ein Überblick. In: Kruse, Otto; Jakobs, Eva-Maria; Ruhmann, Gabriele (Hrsg.): Schlüsselkompetenz Schreiben. Konzepte, Methoden , Projekte für Schreibberatung und Schreibdidaktik an der Hochschule. Bielefeld: UnversitätsVerlagWebler, S. 19–34.

Lahm, Swantje (2010): Lehrend in die Wissenschaft. Die Qualifizierung von Doktorand/innen für schreibintensive Lehre am John S. Knight Institute for Writing in the Disciplines, Cornell University, USA. In: Das Hochschulwesen – Wissenschaft und Praxis, Nr. 1/2010, S. 21–27.

Lange, Ulrike (2010): Das autonom geführte akademische Journal: Konzept und Praxisbericht. In: Saxalber, Annemarie; Esterl, Ursula (2010): Schreibprozesse begleiten: vom schulischen zum universitären Schreiben. Innsbruck: Studienverlag, S. 229–246.

Langer, Inghard; Schulz von Thun, Friedemann; Tausch, Reinhard (2006): Sich verständlich ausdrücken. München: Ernst Reinhardt.

Levy, Mark (2002): Geniale Momente. Revolutionieren Sie Ihr Denken durch persönliche Aufzeichnungen. St. Gallen: Midas Management.

Löhken, Sylvia (2012): Leise Menschen – starke Wirkung: Wie Sie Präsenz zeigen und Gehör finden. Offenbach: Gabal.

Lonka, Kirsti (2007): Writing to learn, learning to write. How writing shapes thinking and thinking shapes writing. EATAW International Conference 2007, Bochum.
http://www.schreibzentrum.de/eataw2007/speakers/kirstilonka.html [Zugriff am 06.06.2013]

Martens, Jens Uwe (2011): Praxis der Selbstmotivierung. Wie man erreichen kann, was man sich vornimmt. Stuttgart: Kohlhammer.

Meueler, Erhard (2010): Didaktik der Erwachsenenbildung – Weiterbildung als offenes Projekt. In: Tippelt, Rudolf; von Hippel, Aiga (Hrsg.): Handbuch Erwachsenenbildung/Weiterbildung. Wiesbaden: VS Verlag, S. 973–987.

Molitor-Lübbert, Sylvie (2003): Schreiben und Denken: Kognitive Grundlagen des Schreibens. In: Perrin, Daniel; Böttcher, Ingrid; Kruse, Otto; Wrobel, Arne (Hrsg.): Schreiben: Von intuitiven zu

professionellen Schreibstrategien. Wiesbaden: Westdeutscher Verlag, S. 33–46.
Mundis, Jerrold (1991): Break Writers's Block Now! New York: St. Martin's Press.
Ortner, Hanspeter (2000): Schreiben und Denken. Tübingen: Niemeyer.
Osborn, Alex (1948): Your Creative Power. New York: Purdue University Press.
Pennebaker, James W. (2009): Heilung durch Schreiben. Ein Arbeitsbuch zur Selbsthilfe. Bern: Huber.
Perrin, Daniel (2008): Schreiben und Führen: Domänenspezifische Schreibkompetenz für Manager/Leader. In: Jakobs, Eva-Maria; Lehnen, Katrin (Hrsg.): Berufliches Schreiben. Frankfurt/M.: Peter Lang, S. 123–140.
Petzold, Hilarion G.; Orth, Ilse (2005): Poesie und Therapie. Über die Heilkraft der Sprache: Poesietherapie, Bibliotherapie, Literarische Werkstätten. Bielefeld: Aisthesis.
Precht, Richard David (2007): Wer bin ich - und wenn ja wie viele? Eine philosophische Reise. München: Goldmann.
Ramirez; Gerardo; Beilock, Sian L. (2011): Writing About Testing Worries Boosts Exam Performance in the Classroom. Science 331, 1/2011, S. 211–213.
Reich, Kersten (Hg.): Methodenpool. http://methodenpool.uni-koeln.de [Zugriff am 06.06.2013].
Rico, Gabriele (2004): Garantiert schreiben lernen. Sprachliche Kreativität methodisch entwickeln - ein Intensivkurs auf der Grundlage der modernen Gehirnforschung. Reinbek bei Hamburg: Rowohlt Taschenbuch.
Rico, Gabriele (1999): Von der Seele schreiben. Im Prozess des Schreibens den Zugang zu tiefverborgenen Gefühlen finden. Paderborn: Junfermann.
Ritter-Mamczek, Bettina (2011): Stoff reduzieren. Methoden für die Lehrpraxis. Opladen: Verlag Barbara Budrich/UTB.
Scheuermann, Ulrike (2013a): Wer reden kann, macht Eindruck - wer schreiben kann, macht Karriere. Das Schreibfitnessprogramm für mehr Erfolg im Job. 2., aktualisierte Auflage, Wien: Linde. 1. Auflage: 2009.
Scheuermann, Ulrike (2013b): Wenn morgen mein letzter Tag wär: So finden Sie heraus, was im Leben wirklich zählt. München: Knaur.
Scheuermann, Ulrike (2013c): Download-Dateien zum vorliegenden Buch „Schreibdenken. Schreiben als Denk- und Lernwerkzeug nutzen und vermitteln" unter: http://www.ulrike-scheuermann.de/downloads.html [Zugriff am 06.06.2013].

Scheuermann, Ulrike (2011): Die Schreibfitness-Mappe. 60 Checklisten, Beispiele und Übungen für alle, die beruflich schreiben. Wien: Linde.

Scheuermann, Ulrike (2010): Das Wesentliche erkennen - Schreiben als Denk- und Selbstcoaching-Methode. In: Chirico, Rosaria; Selders, Beate (Hrsg.): Bachelor statt Burnout: Entspannt studieren - Wie geht das? Göttingen: Vandenhoeck & Ruprecht, S. 69–76.

Scheuermann, Ulrike (2008): Psychologische Interventionen beim Schreibcoaching. In: Jakobs, Eva-Maria; Lehnen, Katrin (Hrsg.) (2008): Berufliches Schreiben. Ausbildung, Training, Coaching. Reihe „Textproduktion und Medium", 9. Frankfurt/Main: Peter Lang, S. 177–194.

Schneider, Ralf; Szczyrba, Birgit; Welbers, Ulrich; Wildt, Johannes (Hrsg.) (2009): Wandel der Lehr- und Lernkulturen. Bielefeld: Bertelsmann.

Schulz von Thun, Friedemann; Hars, Verena (2010): Miteinander reden, Band 3: Das „Innere Team" und situationsgerechte Kommunikation. Reinbek: Rowohlt Taschenbuch.

Simon, Fritz B.; Rech-Simon, Christel (2009): Zirkuläres Fragen: Systemische Therapie in Fallbeispielen: Ein Lernbuch. Heidelberg: Carl-Auer-Systeme.

Stavemann, Harlich H. (2003): Therapie emotionaler Turbulenzen. Einführung in die Kognitive Verhaltenstherapie. Weinheim: Beltz.

Welbers, Ulrich; Gaus, Olaf (Hrsg.) (2005): The Shift from Teaching to Learning. Bielefeld: Bertelsmann.

Werder, Lutz von (1993): Lehrbuch des wissenschaftlichen Schreibens. Berlin: Schibri.